AMOR,
CÉREBROS e
ESCOLHAS

AMOR, CÉREBROS e ESCOLHAS
José Jacyr Leal Junior

Revisão
Maria Ofélia da Costa

Projeto Gráfico/Capa/Diagramação
José Jacyr Leal Junior

Impressão/Acabamento
Digitop Gráfica Editora

Esta obra não pode ser reproduzida, no todo ou em parte, qualquer que seja o modo utilizado, incluindo fotocópia ou xerocópia, sem prévia autorização do autor. Qualquer transgressão à Lei dos Direitos Autorais estará sujeita às sanções legais.

sarvier
Sarvier Editora de Livros Médicos Ltda.
Rua Rita Joana de Sousa, nº 138 – Campo Belo
CEP 04601-060 – São Paulo – Brasil
Telefone (11) 5093-6966
sarvier@sarvier.com.br
www.sarvier.com.br

Dados Internacionais de Catalogação na Publicação (CIP)
(Câmara Brasileira do Livro, SP, Brasil)

Leal Junior, José Jacyr
   Amor, cérebros e escolhas / José Jacyr Leal Junior. -- São Paulo, SP : Sarvier Editora, 2022.

   ISBN 978-65-5686-021-3

   1. Cérebro 2. Comportamento humano – Aspectos psicológicos 3. Corpo e mente 4. Emoções 5. Escolha (Psicologia) 6. Mudança de atitude 7. Mudança de vida 8. Pensamentos I. Título.

21-81017   CDD-153

Índices para catálogo sistemático:
1. Cérebro : Comportamento humano : Psicologia   153
Eliete Marques da Silva – Bibliotecária – CRB-8/9380

Sarvier, 1ª edição, 2022

AMOR, CÉREBROS e ESCOLHAS

JOSÉ JACYR LEAL JUNIOR

Médico, Especialista em Ginecologia, Obstetrícia e Ultrassonografia. Nascido em 08 de maio de 1960, brasileiro, natural de Curitiba – PR. Médico do Corpo Clínico Hospital Santa Cruz e Santa Brígida. Diretor Médico do Centro de Avaliação Fetal Batel SS Ltda. Presidente do Instituto Jacyr Leal e FRAT.ER BRASIL Ltda. Idealizador do Programa SUPERCONSCIÊNCIA/FAMÍLIA DO FUTURO. Criador do Método Prático MEDICINA CONATIVA.

sarvier

AGRADECIMENTO

Agradeço a cada um que passou por minha vida, mesmo de maneira sutil, deixou uma marca..., e sempre levou um pouco das minhas esperanças.

Agradeço a quem me enfrentou, confrontou, e aquele que soube pacientemente me acolher ou apenas torcer por mim, pois, desse modo, crescemos juntos. E do melhor jeito.

Agradeço àquele que nunca me disse nada, apenas olhou em minha direção, pela janela de um ônibus que o conduzia, enquanto eu, distraído, caminhava na calçada de um país distante. Eu não o vi, mas, ele também deixou e levou um pouco de nós dois.

Agradeço àquele outro, entre tantos desconhecidos, sentado em um banco de praça por onde eu costumava viver meus caminhos, emoções e pensamentos. Ele, curvado sobre fracas e trêmulas pernas, deu a mim a grande oportunidade de, ao passar, observar e imaginar uma história de dor, agonia, e tantos momentos de alegria que infelizmente se perderam esquecidos, e assim fazer-me conhecer e exercitar empatia, mesmo que de modo ficcional.

Obrigado a todos. Conhecidos e desconhecidos, pela bela companhia neste mundo, porque de diversas maneiras estamos todos ligados, conectados, de modo relacional, para evoluir. Relacionamentos.

Enfim, obrigado a você que ao ler este livro permite a mim reafirmar o quanto amo, respeito e torço por sua vida, seu contentamento e sua felicidade. Por oportunizar lutarmos juntos pela existência, manutenção e crescimento benigno das nossas famílias.

O Autor

Sumário

EPÍGRAFE 11

PREFÁCIO 13

INTRODUÇÃO 17

Capítulo I
APREENDER AMOR E RELACIONAMENTOS 19

Capítulo II
UM BOM FUNDAMENTO.. 22

Capítulo III
CONVERSANDO COM MINHAS PACIENTES 24

Capítulo IV
PRÁTICA PARA A VIDA.. 33

Capítulo V
O QUE VOCÊ PODE FAZER POR UM MUNDO MELHOR?.. 35

Capítulo VI
O QUE DIRECIONA VIDAS E ESCOLHAS?......................... 39

Capítulo VII
ENCONTROS DE AMOR 43

Capítulo VIII
VERDADES E REALIDADE... 45

Capítulo IX
UM POUCO DE ALGUÉM.. 48

Capítulo **X**
CÉREBRO NOVO – CÉREBRO ANTIGO 53

Capítulo **XI**
O CÓRTEX CEREBRAL – UM AVANÇO 59

Capítulo **XII**
ATITUDES POR DECISÃO PRÉVIA 63

Capítulo **XIII**
UM POUCO MAIS DE AÇÃO NEURAL 76

Capítulo **XIV**
ENTRE OUTRAS TANTAS ENCRENCAS NOSSAS 88

Capítulo **XV**
SOMOS REALMENTE CRIATURAS COMPLEXAS E
DEPENDENTES 96

Capítulo **XVI**
COMPLEMENTARIEDADE 103

Capítulo **XVII**
O MISTÉRIO DA ATRAÇÃO 106

Capítulo **XVIII**
O MISTÉRIO DO AMOR ROMÂNTICO 112

Capítulo **XIX**
A GRANDE DESCOBERTA APÓS A GRANDE PAIXÃO 118

Capítulo **XX**
NOSSAS LINDAS DIFERENÇAS NOSSAS BELAS
NECESSIDADES 123

Capítulo **XXI**
LISTA DE AJUSTES DE NECESSIDADES E
TRANSFORMAÇÕES 132

Capítulo **XXII**
TANTOS LIVROS – TANTOS TEMAS 138

Capítulo **XXIII**
MAIS UM LIVRO? 147

Capítulo **XXIV**
POBRES CRENÇAS FRACOS PENSAMENTOS
FORTES ESPERANÇAS 153

Capítulo **XXV**
MAIS ALGUMAS PRÁTICAS 157

Capítulo **XXVI**
DIÁLOGOS DO MEDO 171

Capítulo **XXVII**
PROPOSTAS PARA MELHOR ILUMINAR A ESTRADA 179

Capítulo **XXVIII**
CÉREBRO..., TRABALHE MAIS UM POUCO! 182

Capítulo **XXIX**
UM CAMINHO A SEGUIR 187

EPÍLOGO – AUTOESTIMA E MATURIDADE 192

POSFÁCIO 194

BIBLIOGRAFIA 197

BREVE CURRÍCULO 199

Epígrafe

Amor é síntese

Por favor, não me analise
Não fique procurando
cada ponto fraco meu
Ninguém resiste a uma análise
profunda, quanto mais eu!
Ciumenta, exigente, insegura, carente
toda cheia de marcas que a vida deixou:
Veja em cada exigência
um grito de carência,
um pedido de amor!

Amor, amor é síntese,
uma integração de dados:
não há que tirar nem pôr.
Não me corte em fatias,
(ninguém abraça um pedaço),
me envolva todo em seus braços
E eu serei perfeita, amor!

Myrtes Mathias

Prefácio

O convite para prefaciar um livro, além de irrecusável, pela honra que o precede, é um prazer difícil de explicar, principalmente quando quem pede faz parte do círculo de amizade e sempre admirado pelo convidado.

Ao receber o original, junto com o convite, entendi o recado intrínseco, escondido, porém, com teor de ordem dada é ordem executada, como se naquele "pacote", o projeto do livro, estivesse escrito FAÇA, ou seja, mesmo que eu quisesse, já não poderia recusar.

No começo da minha leitura notei a preocupação do autor em manter compromisso com a verdade, devido à introdução, onde ele escreve na primeira pessoa, o que mostra assumir de cara limpa, tudo o que pretende. Esta é uma grande característica do Dr. Jacyr.

Embora tenha posição e condição de conceituado médico, o autor é apenas um homem que sabe, e muito, o que faz. Declara na narrativa olhar em quem o procura, uma luz que sempre existe para além da queixa clínica, e consegue enxergar um ser humano, muito mais do que uma parte específica daquela pessoa.

Como Ginecologista e Obstetra, é capaz de perceber com certa facilidade outros fatores de suma importância que, não raras vezes, são causas de efeitos nefastos. Prevenção primária e ampla, insiste dizer.

Sempre aplicado, também "nadou de braçadas", desde a formação e até hoje, áreas como a psicologia, filosofia, psiquiatria, história..., campos de estudo que forneceram subsídios suficientes a ampliar o horizonte de atenção sobre as muitas carências da humanidade. "Arregaçou as mangas" e começou a desenvolver o projeto... SUPERCONSCIÊNCIA/FAMÍLIA DO FUTURO. No início com palestras que logo exigiram a construção de livros, muitos livros.

Este, em suas mãos, é uma das primeiras palestras. Ao levá-lo para casa você está assumindo um grande compromisso com a sua felicidade, porque a isso, ele, o palestrante, lhe instigará e provocará, até que surjam resultados. Acredite. "o cara é chato" até ver você bem e feliz.

Numa linguagem franca, direta e objetiva, o Dr. Jacyr "mete o dedo na ferida", sem medo de fazer doer, mas, em alguns momentos, passa um anestésico, para aliviar um pouco e assustar..., menos.

Nas preliminares, prepara a parte mais importante da história da vida. Leva o leitor a caminhar em direção ao conhecimento de si mesmo e do outro, das escolhas que descrevem nossas vidas e possibilidades.

Mostra a sutil diferença de uma literatura pesada, chata, emburrecedora, à maneira gentil, cordial e prazerosa deste livro.

Dr. Jacyr, sem cerimônias e pelas páginas que seguem, mete-se por meio da narrativa, dentro da sua vida. Instala-se na sua casa, com uma liberdade incômoda, e ainda por cima, muitas vezes, torna-se parte do seu problema, alegando que pode, porque também têm os dele.

A leitura é até divertida e não faz drama ao abordar quaisquer problemas. Não serão poucos os que encontrará durante a leitura, inclusive, tenho certeza, verá a si mesmo retratado neles, como se a você fosse dirigido. Pois, acredite, é a você dirigido.

O médico autor criou uma fábula real, na qual os personagens são todos (bichos) conhecidos. Os preceitos apresentados são o amor, a felicidade, e a base utilizada para a construção dessas edificações comportamentais é o nosso cérebro. Claro! Quem manda em seu pensamento?

Se a felicidade, o equilíbrio da família possível em amor, um mundo melhor e o futuro dos seus filhos..., forem as intenções com a leitura deste livro, você estará muito bem servido.

Eu mesmo, em dado momento da leitura, me vi conduzido e inserido em algumas das várias situações que com propriedade são esclarecidas no desenvolver da obra.

Com rara maestria; sem pedantismo literário; com tranquilidade de quem faz o certo e o que deve ser feito, Dr. Jacyr se desnuda em relato pessoal. Aproveita a oportunidade para agradecer aos pais, o fato de hoje ser quem ele é, em consciência, espiritualização e longe do materialismo.

Age para cortar as cordas dos fantoches que somos, muitas vezes sem sabermos disso, incentivando-nos a caminhar com as próprias pernas, adquirir maturidade e escrever uma nova história, mais verdadeira do que aquela que recebemos. Evoluímos.

Agora, mostre a que veio para este mundo. Vire a página e comece a construir sua melhor vida, de modo pensado, ativo, ousado e, sempre, intencional.

Quer ser feliz?

- Use seu cérebro.

- A escolha é só sua!

Olinto Simões
Professor, Escritor, Poeta,
Parapsicólogo Clínico
(*In memorian*)

Introdução

Na minha cerimônia de formatura como médico em janeiro de 1986 meu cérebro começou a viajar no exato momento que alguém lia o Juramento de Hipócrates. À medida que ouvia passei a pensar por que um médico precisa ser sempre lembrado nesse juramento ritualístico para agir corretamente com os pacientes, pôr em prática os conhecimentos acumulados e utilizar todos os instrumentos que tiver ao alcance para o bem daquele que pede ajuda.

E me perguntava:

- Isso não está implícito na relação humana?
- Bem, ao menos eu achava que sim, e ainda acho!

Como meu pai, optei pela especialidade médica de ginecologia e obstetrícia, mas, antes disso, levei anos estudando toda a medicina para me certificar de que aquela realmente era a minha paixão e não apenas algum tipo de influência familiar.

Tive até problemas com alguns professores na área, pois, apesar de minhas notas estarem todas muito boas, eles – por conhecerem meu pai – esperavam mais "dedicação". Eu fazia o suficiente, até demais para minha graduação, e logo corria às enfermarias de clínica médica, cardiologia, pneumologia etc. E fazia isso por dois principais motivos: um como citei, para descartar alguma influência "gineco-obstétrica-parental", outro porque, se minha escolha estivesse realmente certa na especialização, eu teria aprendido assim, muito mais sobre todo o corpo humano.

Entendo, porque, curiosamente, nunca atendi um útero, um ovário ou uma barriga grávida. Por incrível que pareça sempre chega a meu consultório o ser humano completo. Claro que não vou tratar alguma doença de outra especialidade que não a minha, mas sei melhor perceber e detectar problemas para poder encaminhar a paciente, se necessário, para outras áreas específicas.

Nas minhas idas e vindas, com algumas escapadas para participar dos congressos de clínica médica e outras especialidades, as áreas da psicologia e psiquiatria sempre me encantaram muito, com certeza, até por demandas próprias, afinal, quem não tem problema nas relações pessoais, medos e angústias no caminho da vida?

Após muitos livros, cursos, congressos e outras jornadas, aos poucos, minha adoração pelo "ser humano" passou a ser um vício positivo – estranho paradoxo.

Digamos que, uma curiosidade enorme me instigava sobre querer saber o que estamos fazendo aqui na terra, uns com os outros.

À busca de respostas mergulhei em obras filosóficas, históricas, literárias e artigos acadêmicos que, ao longo de séculos, produziram muito conhecimento e sempre um sem-fim de questionamentos, muitas vezes antagônicos, sobre o comportamento humano e as múltiplas carências vivenciais. Foi essa mescla de informações que me levou a compreender ao menos uma pequeníssima parte do funcionamento do cérebro, a entender e apreender um pouco mais do porquê de alguns pensamentos e emoções, que quero retratar neste livro.

Dei o meu melhor.

Vivi o meu possível.

Torço para que goste.

Capítulo **I**

APREENDER AMOR E RELACIONAMENTOS

A vida é uma comemoração entre emoção e razão, duas realidades biológicas presentes em todos nós e agentes determinantes do comportamento humano. Vivem e atuam em áreas específicas do nosso cérebro, permanentemente influenciando uma e outra, porém, o bom relacionamento que permitimos entre elas é a chave para a paz e a felicidade.

Podemos, sim, decidir atuar por nossas próprias vidas e não precisamos ser bonecos passivos, conduzidos para o lado que o destino, a nossa ignorância ou os outros escolherem.

Precisamos aprender a construir um convívio adequado entre essas estruturas neurais tão importantes que estão ali para nos proteger e nos ajudar a viver (e sobreviver). Elas não têm nenhuma culpa por nossas ilusões sobre a vida, mas, se não formos atentos, se não colocarmos ordem em nossa cabeça, as consequências podem ser muito dolorosas para nós e para muita gente. Principalmente para aqueles que amamos.

Precisamos muita coragem para aprender a atuar com equilíbrio em nosso cérebro no dia a dia, em todas as nossas relações e não apenas a "reagir" sem nenhuma direção, significado e amor.

Então, vamos juntos entender alguns pontos importantes nas nossas relações humanas e apresentar propostas reais para caminhos possíveis em direção a um maior autocontrole e maturidade psíquica. Também construiremos um planejamento estratégico para nossas relações de amor. Tal proposta serve para qualquer tipo de relacionamento, porém, o tema casal será a linha de condução escolhida, por ser tão cara e tão presente na vida de todos nós.

O sucesso da família e da sociedade depende diretamente da participação inteligente e ativa de cada um, na luta por uma melhoria contínua na qualidade dos relacionamentos.

Se você está lendo este livro é porque..., ou assistiu à palestra sobre o tema, presencial ou *on-line*; um vídeo em alguma plataforma; soube da minha proposta, fato que gerou curiosidade; ou leu outro livro do Programa SUPERCONSCIÊNCIA/FAMÍLIA DO FUTURO e agora quer conhecer mais. Topou com ele brilhando novo em uma prateleira; talvez esquecido em algum canto de uma livraria qualquer ou já bastante empoeirado em um não tão bem cuidado, sebo. Já garimpei maravilhas assim.

O fato é que este livro agora está em suas mãos, é seu. Aproveite-o muito bem. Dedique-se a estudar melhor o assunto..., **"Amor"**.

Esse é meu convite. Aceite. Exercite esse conhecimento e colha os frutos. São todos para você (e para quem ama e torce por você).

Minha proposta com este material não é complicar e tornar denso, mas ser sucinto o suficiente para que você possa ler e reler, tantas vezes quantas necessárias forem ou desejar, até que algumas das propostas de desenvolvimento aqui apresentadas se tornem um... hábito.

Faça deste o seu livro de cabeceira.

Há muita literatura sobre o tema amor, depois você poderá se aprofundar com tantos outros livros. Por hora vamos à motivação para a verdadeira Felicidade.

Felicidade é um padrão de vida, um "hábito" construído pela razão, tomando conta da emoção. Razão sobre emoção, sem nunca a primeira renunciar à última e vice-versa. São gêmeas queridas, caminham abraçadas, contudo, às vezes brigam, se deixarmos.

Pouca gente se predispõe a estudar sobre o amor, menos ainda, quando encontra um vocabulário complexo, mas, saiba, quem assume as rédeas das próprias emoções e da razão (dos pensamentos) tem muito mais chance de escolher e alcançar o destino que deseja para si e para as pessoas que ama.

E você merece.

Hoje é para você!

Boa leitura!

Ah...! Em tempo.

Muitas pessoas dão este livro de presente.

Para o marido (geralmente), para a esposa, um filho ou filha, um amigo(a), enfim, para pessoas que eles enxergam que não estão muito bem em um casamento, em um relacionamento e merecem a possibilidade, uma chance para serem felizes. Acredite na intencionalidade deles e principalmente nas suas próprias possibilidades. Todos aqueles com quem convivemos querem ver a gente feliz. E nós?

Portanto, se você ganhou este livro leia até o fim. Não pare. Mostre a coragem que corre em suas veias. Muitas vezes nossas defesas encontram todas as desculpas para fugir sem encarar as diferentes "perdas" que sofremos. Chega! Dê um basta e assuma o controle.

Vou apenas mostrar um caminho possível. Uma bela oportunidade. O resto será entre você, Deus e o universo Dele.

Capítulo **II**

Um Bom Fundamento

Caminharemos juntos por essas páginas, a fim de compreendermos um assunto que considero um dos mais importantes para o sucesso nas relações afetivas.

É comum não pensarmos nesses aspectos que vamos tratar, menos ainda na influência e importância que têm, sobre nosso equilíbrio e felicidade.

Então, para ser bem convencional, que tal tentar se apresentar?

- Quem é você; qual seu papel para a família, dentro e fora de casa; qual o nível de importância da sua participação nas principais relações para a vida?

Explicando:

- Qual sua "posição e função" no mundo, dentro da estrutura da família, mais precisamente, na sua família nuclear (pai, mãe, filhos)?

- Você já parou para pensar no VALOR da posição, função que ocupa dentro da família, não só como um agente colaborador, mas, simplesmente, como indivíduo (de valor)?

- Quem você é..., e quem você representa como ator nesse sistema maravilhoso que é a família?

- Acredite! Uma parte significativa dos problemas de relacionamento em casa acontece porque as pessoas não fazem ideia da importância de assumirem e viverem essas posições e funções, para o equilíbrio dos pensamentos e das emoções de cada componente. Esse conhecimento tem custado caro para toda a sociedade. Senão, pense um pouco (fundamental saber):

- Quem é a pessoa mais importante para você; para seu cônjuge; qual a importância do casal na vida da família; no desenvolvimento dos filhos; inclusive, nas relações estendidas, como os avós maternos e paternos de ambos?

Sua autovalorização nesse contexto, a real valorização do(a) companheiro(a) e do casal como conjunto, assim como a visualização dos "limites" no padrão de relação com os avós, determinam o equilíbrio que fortalece e mantêm saudáveis os laços na família.

Você é alguém direcionado a um destino, ao mundo também lá fora, assim como cada um, cada membro de sua família e de todas as famílias.

Para que isso transcorra em harmonia, toda estrutura de relacionamentos em casa deve obedecer a uma dinâmica própria e adequada, e você tem por obrigação não apenas conhecê-la, mas respeitá-la.

Vamos bem devagar aqui, e com cuidado.

Tranquilize-se.

Vou até abrir um novo capítulo para expor melhor.

Mais adiante, você compreenderá muito bem tudo isso...

...e se sentirá mais inteiro e feliz.

Capítulo **III**

Conversando com Minhas Pacientes

Toda essa história – eu me intrometer nos campos da mente e relacionamentos – começou de fato "empurrada" por minha atividade profissional, no consultório, sem que eu fizesse qualquer programação para isso.

Como ginecologista e obstetra recebo também pacientes com queixas relacionadas a problemas sexuais. Baixa libido, dor nas relações, às vezes mulheres com total desinteresse sobre sexo e muitos outros problemas nessa e em outras áreas da psicologia humana.

Nós médicos somos treinados para ouvir as queixas, examinar fisicamente a paciente, solicitar exames de laboratório, nesses casos, o dado principal de pesquisa é a dosagem laboratorial de testosterona, que além de outras funções é responsável pelo impulso sexual e agressividade.

Com cuidado, procuramos conversar um pouco para dar alguma orientação e apoio nesses temas, para os quais muitos de nós não fomos treinados, por isso também sofremos com preconceitos e ignorância, contudo, ainda assim procuramos ajudar exercendo nosso papel de médico.

Por fim, receitamos a reposição de hormônios, anti-inflamatórios, cremes vaginais e..., só. Por mais bem-intencionados que sejamos, agimos no limite do nosso alcance e o resultado não costuma ser muito adequado, sequer perceptível.

Certo dia, criei coragem e perguntei a uma delas, estando eu já com uma folha de receituário em branco e uma caneta em minhas mãos:

- "Quem é a pessoa mais importante da Terra para você..., hoje"?

Vou colocar em uma caixa de texto esta pergunta, tamanha é a importância dela para a sua, a minha e a vida das pessoas que amamos e nos relacionamos..., para todo mundo.

> **QUEM É A PESSOA MAIS IMPORTANTE DA TERRA PARA VOCÊ?**

A face de surpresa e susto estampada no rosto da paciente eu até esperava, só não imaginava que seria uma constante para todas que eu perguntasse, sem exceção. Eu disse "todas".

As respostas foram e são variadas, porém, há uma que predomina e sai como um raio pela boca das mulheres, quando mães:

- "Meu filho, claro"!

Esta é seguida de perto, e com frequência por:

- "Meu pai"!
- "Minha mãe"!

Eu Já ouvi até... - "Deus!"

- Ok. Ok... Essa é uma boa resposta, entretanto, não vamos colocar Deus no meio, nesse momento.

Digo isso enquanto vou rabiscando, desenhando as tentativas de resposta no papel.

No meu receituário antes branco, agora aparecem representados filhos (que para surpresa de muitas não são os mais importantes), o pai dela, a mãe (que também não são – e muito menos), e nada mais passa ali naquela cena além de um silêncio ensurdecedor, enquanto aquela grande mulher permanece atônita olhando para a folha de papel (Figura 1).

A construção da mente é "impressionante". Nossa história imprime em nós crenças que determinarão todo o nosso futuro. Portanto, acreditar em algo melhor, outra maneira de "ver as coisas" poderá nos livrar de muitas dores. Um dos nossos maiores papéis na Terra é "vigiar e orar". Não foi sem bons motivos isso ter sido ensinado por alguém tão especial. Descobri que meu papel como médico é também auxiliar esse pensamento, provocar novos olhares e "sacudir você" quando for preciso. Porém, nunca imaginei que meu receituário, feito para "dar remédios", prescrever, serviria também para abrir portas para a alma.

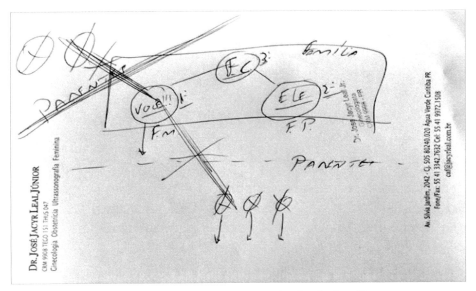

Figura 1 – Receituário médico com representação da família.

- "Onde está você aqui"? Pergunto sempre, e aponto para o papel cheio de "pensamentos".

Há um triste vazio no meio dos rabiscos e no coração (de nós dois ali naquele momento). A face, agora de agonia, é muitas vezes acompanhada de uma lágrima. Outras vezes uma carinha marota um pouco envergonhada, como se dissesse "me pegou". No entanto, com constância impressionante, depois de minha insistência em obter a resposta correta, ela diz baixinho, com vergonha e um enorme medo de errar:

- "Teria que ser eu?"

> **PRONTO, DIAGNÓSTICO CERTEIRO. ELA NÃO EXISTE!
> COMO PODERÁ TER LIBIDO?**

É quando eu friso:

- Sim, a resposta correta é **VOCÊ**!

- Mas isso não é egoísmo? - Ela pergunta, ainda constrangida.

- Não! Respondo em alto e bom som. E logo você irá entender. Você é a pessoa mais importante da Terra! Afirmo, e sigo perguntando assim:

- Você já viajou de avião?

- Exatamente agora em todos os aeroportos do mundo, aviões estão taxiando pelas pistas antes de decolar. Nessa hora, aeromoças, em todos os aviões, em todos os lugares e em todas as línguas, passam algumas instruções antes do voo. Entre elas, esta:

- "Caso haja uma despressurização na cabine, máscaras de oxigênio cairão à sua frente. Puxe-a na direção da sua face, prenda o elástico atrás da cabeça e respire normalmente. Se houver alguém ao seu lado, que precise de ajuda, somente o faça depois que estiver com a máscara".

Isso significa...,

> **SOMENTE PODERÁ DE FATO AJUDAR ALGUÉM DEPOIS QUE ESTIVER BEM E EM CONDIÇÕES DE "AJUDAR".**

Posso reforçar com esta pergunta:
- Você é capaz de dar algo que não tem?
Uma vez um terapeuta e amigo pediu para mim:
- "Dê-me um limão".
- Incrível, eu não podia, claro, eu não tinha um limão para dar naquele momento. Preciso ter comigo "algo" para dar..., para dar a meu filho, minha família, às pessoas que eu tanto amo.

Enquanto a paciente ainda está assustada tentando se recuperar do baque eu arremato com esta pergunta:
- Você ensinou português para o seu filho?
A resposta: - "Claro"!
- Eu emendo. Não. Você pode ensinar gramática nada mais. A criança aprende de você. Aprende português, japonês, alemão, aprende tudo a partir da família, dos relacionamentos que ela tiver, vivendo, portanto, aprende, além da língua, todo o padrão de comportamento, reações, hábitos, e..., a felicidade ou..., infelicidade.

Uma criança deve pensar assim muitas vezes:
- "Imagine o tamanho do monstro que deve viver lá fora, no mundo, se a minha mamãe, que é tão poderosa e tão grande, tem tanto medo"?

- Consegue agora perceber a importância de você estar saudável e bem; de pensar primeiro em sua vida, para ser percebida, avaliada e "copiada" por seu filho? A formação da mentalidade dele depende diretamente da sua e das pessoas que o cercam. E você é a maior delas.

- Enquanto ela pensa, lanço outra pergunta importante, xeque-mate para o momento médico e contexto emocional:

- **Quem é a segunda pessoa mais importante da Terra para você, hoje?**

- "Meu filho, claro"! Ela responde agora de maneira rápida e geralmente com uma carinha de vitória. Impressiona-me como todas as mulheres agem da mesma maneira, sob os mesmos aspectos na família. E eu digo: - "NÃO! É o seu marido"!

- "Quem? Aquele traste? - Nunca"!

Já se pode começar a entender melhor outro dos porquês da "falta de libido" e da "dor na relação". Não há reposição de testosterona que dê conta. Antes ela não existia, agora vemos que nem o marido.

Na sequência, a paciente vem com toda carga:

- "É o meu marido? Como assim?" - Surpresa sempre.

Antes de seguirmos com a explicação quero deixar claro que "o traste" se torna "traste" (considerado traste, não que seja) apenas pelo desequilíbrio nas relações dentro da família, que é justamente o que pretendo ajudar a consertar com aquele desenho louco em um simples papel.

O amor existiu antes e ainda está vivo neles. Muitas vezes, o reposicionamento de papéis e prioridades podem gerar um efeito extraordinário para todos, principalmente para o casal.

E sigo com a paciente:

- Entre tantas funções importantes você possui uma que é vital para o suporte de vida da criança, a "função materna", que representa nutrição e contenção daquele pequeno ser em franco desenvolvimento.

Uma mãe alimenta com as mamas e oferece segurança com o colo e braços. Enquanto amamenta passa informações fundamentais para a criança, claro que não de maneira verbal, contudo, a criança sente "em cada célula do corpo":

- "O mundo é um lugar muito legal para se viver e eu sou uma pessoa importante"!

E o pai, questionamos agora?

- Ele incorpora a "função paterna" – LIMITE! É ele quem "arranca" a criança do peito (da segurança da mãe) e a "joga", lança para o mundo.

Obviamente esse processo é gradativo, pouco a pouco, durante toda a infância, preparando o novo ser para a puberdade, os rituais de iniciação que fornecerão a força suficiente e correta para seguir na vida adulta.

Pai é lei; horários; comportamentos; limites.

Por isso, talvez, percebamos e interpretemos Deus como Pai, Lei, Mandamentos e Maria como Mãe, contendora, protetora, nutridora de amor, serenidade e esperança.

Deus é amor! Mas, todo mundo quer é o colo da mãe porque..., Deus castiga. No entanto, impor limites também é um modo de amar.

Função materna..., função paterna..., e..., ainda tem mais uma:

- **Quem é a terceira pessoa mais importante da Terra para você, hoje?**

Agora a paciente sorri feliz e reafirma com certa segurança, porém, ainda em forma de pergunta: - "Meu filho"?

E novamente respondo:

- NÃO

- É o casal!

Como assim, casal não é pessoa!

- Sim, você tem razão, mas também é uma função. Enquanto você e seu marido estão "vivendo", os filhos, que brincam pelo chão da casa, observam tudo. Como radares perfeitos captam como vocês conversam; namoram; tocam-se; respiram..., as crianças estão sempre atentas e também veem como vocês brigam, fazem as pazes... Tudo percebem e aprendem..., para repetir no futuro.

Que tipo de futuro, então, vocês estão preparando para os filhos?

- O comportamento que você tiver hoje será o do seu filho amanhã. Seus medos serão os medos dele, claro que depois trabalhados e um pouco modificados por experiências da vida fora de casa, longe dos pais, mas, ainda assim, com muita carga aprendida na origem.

Não quero atender sua filha daqui a pouco mais de vinte anos com queixas de "baixa libido", tudo por causa do "traste" que ela também escolherá para conviver. Entendeu agora?

- A repetição do caminho dos pais pelos filhos é reconhecida como mitos familiares, crenças que trazemos de casa. "As Verdades" (?), como as coisas são, como devem ser e continuar. É um mecanismo de segurança neural.

Se as crenças são boas, ótimo, porém se causam dor precisam ser vencidas, reprogramadas um dia por alguém nessa família. Isto é, no futuro algum indivíduo nesse grupo familiar terá que gritar por independência desse processo de "transmissão de medos e conceitos ruins", e pode ser você hoje, por que não?

Vamos a outra caixa importante?

> **E PODE SER VOCÊ HOJE. POR QUE NÃO?**

Um dia alguém fará, então que seja você a poupar tanta dor desnecessária até no futuro dos seus filhos. Faça, acredite, vença. Estamos todos aqui para ajudar.

- "Todos quem"?
- Todas as pessoas que cruzam por sua vida. Por que acha que agradeci a tantos na parte do livro destinada a "agradecimentos"?
- Todas as pessoas que vivem no mundo e se relacionam trazem informações importantíssimas para nosso crescimento pessoal. Afrontam-nos e nos auxiliam, cada uma, com um modo próprio, faz parte da construção da nossa história. Nada acontece sem que haja um aprendizado e um preço.

Difícil pensar assim?

- Problemas são "presentes de Deus" para nosso aprendizado e crescimento. Todas as experiências da nossa vida, boas ou ruins, estão ali para nos ajudar. São referências e oportunidades para mudar aquilo que é necessário. Acredite! Sempre é necessário. Por isso precisamos construir um olhar diferente para a dor e o sofrimento, um olhar mais otimista como para um "grande professor". Está tudo certo sempre.

Filhos são feitos para o mundo e devem seguir caminhos próprios, mas preparados pelos pais, que ficam para trás e lá devem permanecer.

Seus pais eram sua família, porém, após seu casamento com o traste (?) eles se tornaram "parentes". Amados parentes, porém, apenas isso. Sua antiga casa de infância é agora local de visita, alegria, respeito, sim, às vezes algum descanso e refúgio, mas, nunca, absolutamente nunca mais deverá ser vista como sua casa. Você um dia escolheu "sair para o mundo", e foi..., levando tudo o que aprendeu. Para aprender sempre e cada vez mais. Nunca paramos de aprender.

Devemos agradecer a vida que os pais nos deram mesmo que não tenha sido tão boa. Reconheçamos, foi o que eles conseguiram, com todo o amor que puderam dar. Tudo que estava ao alcance deles. O todo deles, que aprenderam desde a infância, "os certos e os errados".

Foi pouco para o que você pensa e desejaria ter recebido?

Ok. É uma interpretação válida, no entanto, foi o máximo que tinham para dar. Por isso você deve ir muito além para "deixar" ainda mais, para os amados filhos, em conhecimento e virtude.

Agradeça a seus pais, reconheça o que fizeram, o possível, e deixe-os na casa deles.

Sua vida é para a frente e nunca para trás. Visite-os com razoável frequência, ame-os cada vez mais, respeite as limitações de cada um, ajude sempre que precisarem, mas fuja dos enroscos emocionais. Deus cuida deles para você. Confie!

Bert Hellinger[1], ex-padre, terapeuta, desenvolveu um modelo de tratamento chamado Constelações Familiares. Ele afirma que, "É muita arrogância os filhos se meterem na vida afetiva dos pais". Prega que devemos visitá-los, com frequência, mas apenas por tempo suficiente para matar saudade e deixá-los com as histórias deles. Claro, como eu disse, sempre auxiliando no que for necessário, entretanto, com afastamento suficiente, pois sua vida, hoje, é vivida em outra casa, a sua, do seu marido, dos seus filhos.

Lembre-se, assim como seus filhos são, você também foi uma criança para o mundo, e que agora, adulta, você..., está no mundo.

---

[1] Bert Hellinger é nascido em 1925, na Alemanha, e formou-se em Filosofia, Teologia e Pedagogia. Como membro de uma ordem de missionários católicos, estudou, viveu e trabalhou durante 16 anos no sul da África, dirigindo várias escolas de nível superior. Posteriormente, aprofundou seus estudos e pesquisas tornando-se psicanalista e, por meio da dinâmica de Grupos, da Terapia Primal, da Análise Transacional, de diversos métodos hipnoterapêuticos e demais técnicas desenvolveu sua própria Terapia Sistêmica e Familiar a qual denominou: Familienaufstellen (respectivamente: "Colocação do Familiar", traduzido para: Constelações Familiares, no Brasil). (SIC).

Gosto de brincar dizendo que os avós, pai, mãe, assim como sogro e sogra, "servem" para ficar com os netos, de vez em quando, enquanto, vocês vão ao cinema, saem para jantar, passear, brindar..., e namorar bastante, transar muito!

Ainda há um elemento substancial a ser tratado:

- Sabe qual é uma das diferenças mais importantes entre você e seus pais aqui na terra?

- Eles apenas chegaram antes. Também têm um caminho a percorrer para o aprendizado necessário. A construção da história deles.

Nesse momento a paciente consegue enxergar ela mesma no centro do papel que antes estava em branco, quando, ela simplesmente não existia. Agora no papel cheio de rabiscos, percebe que também ela não é "mais um rabisco". Ela é um ser humano; merece ser feliz; muito feliz. Que escolheu um companheiro real para amar, respeitar e conviver.

Apenas as ilusões da vida a estavam afastando da função e posição que deve ocupar no mundo, e do que é mais importante para ela, a família.

Sim. Ela pode e deve seguir em frente, persistir e dar muitos passos, agora na direção correta, tantos quantos forem necessários para aprender e ser feliz.

Fiquei muito surpreso e feliz quando uma paciente em uma consulta de retorno disse-me que aquele pedaço de papel todo rabiscado havia se transformado em um quadro e estava na parede da casa dela. Que aquela nossa conversa salvou o casamento, a vida dela e a vida do marido (ex-traste).

Não foi a única vez que ouvi algo assim. Então passei a acreditar que poderia fazer algo mais, como este estudo sobre o amor, sobre relacionamentos, mesmo eu, ainda tendo que enfrentar, e também aprender para a minha própria vida.

E para terminar este capítulo, deixe-me perguntar mais uma vez:

- "Quem é a pessoa mais importante da sua vida, hoje"?

- Escreva um grande EU em todo este espaço em branco aqui embaixo, mesmo que com ainda um pouco de dúvida e receio. Até o final deste livro vou provar que "estamos certos".

Capítulo **IV**

Prática Para a Vida

Agora que reconhecemos nossa posição no mundo, na vida, na sociedade e exercitamos dentro do que é possível a função materna, a paterna e a de casal, podemos, enfim, sonhar e lutar juntos por famílias com maior equilíbrio e desenvolvimento social.

Uma sociedade equilibrada só é conquistada graças a um adequado desenvolvimento emocional daqueles que a compõem.

Com o que você leu e entendeu até aqui escreva um forte "**SIM**" ao lado destas frases, porém, "pense e sinta" antes de fazê-lo:

- Você é a pessoa mais importante do universo? **SIM**.
- Seu companheiro(a) é a segunda pessoa mais importante? **SIM**.
- O casal é o terceiro elemento que importa olhar com carinho, mesmo antes dos filhos? **SIM**.
- Filhos são para o mundo, e quanto melhor você estiver, melhor, para eles, verdade? **SIM**.
- Os filhos viverão os exemplos de vida e atitude que você apresenta para eles e para a sociedade? **SIM**.
- Os avós também são pais maravilhosos, oferecem o melhor possível, portanto, são grandes AUXILIARES no trabalho de criação? **SIM**.

Então, atente para isso:

- Ninguém é capaz de dar aquilo que não tem.

Desse modo..., "tenha"!

Construa, adquira, aprenda, valorize sempre tudo aquilo que precisa ser valorizado. Trata-se da sua vida e das pessoas que você ama.

Sei que induzi e escrevi as suas respostas, e esse objetivo é proposital. Ocasionalmente precisamos ser dominados, contidos e levados em segurança..., "até a praia". Manipulados pelo bem (existe isso?).

33

Alguns capítulos são muito curtos e por um único motivo:
- Fazer você reduzir a velocidade e parar para pensar.
Portanto, antes de seguir com o livro, PARE.

Vá até o espelho do banheiro, sala, e escreva nele um grande "Eu".

Ao lado, distante talvez quarenta centímetros, uma escrita da outra, escreva "Quem eu amo". Observe vocês dois ali, sozinhos. Assim que desejar, faça um círculo no meio, pouco acima, e escreva dentro dele a palavra "Casal". Foi o que vocês dois escolheram formar. Juntos, não mais sós.

Olhe mais uma vez para você – "EU" –, lembre-se da sua história de vida, desde a infância, sonhos, desejos e pensamentos. Recorde alguns bons momentos da família, essa que cresceu em e com você.

Respire. Fundo. E agora olhe para "Quem eu amo". Não está longe, apenas 40cm. Essa pessoa que também possui uma linda história de vida, desde a infância, com muito sonhos, desejos e pensamentos. Todos que você resolveu um dia ajudar a realizar e compartilhar dos seus.

Respire mais uma vez.

A vez de olhar o "Casal", um conceito maior do universo, imperativo do amor criado com bons objetivos: - unir, somar, construir, multiplicar.

Nunca foi dada nenhuma ordem para dividir, destruir, machucar, separar. Nunca houve esse comando. Você foi feito para dar certo. O outro também. Seus filhos, mais ainda.

Vamos lutar por sua felicidade?

Capítulo **V**

O QUE VOCÊ PODE FAZER POR UM MUNDO MELHOR?

"Ajudar a transformar razão em realidade". Encontrei essa frase em um livro sobre a vida do brasileiro Sergio Vieira de Mello, eleito alto comissário das Nações Unidas para os Direitos Humanos, que infelizmente foi morto em uma embaixada no Iraque, por uma bomba do ódio, enquanto lutava pelo que acreditava: "..., transformar razão em realidade".

Não discordo dele, mas creio que, antes de usar a razão para construir novas realidades, precisamos treinar a mente para transformar EMOÇÃO em RESPONSABILIDADE. Para mim foi o não entendimento da emoção que matou aquele grande brasileiro, bloqueada a razão humana, e assim impedida uma melhor realidade.

Trazendo para aqui e agora, é a "compreensão da emoção" que constrói a razão e torna possível uma grande realidade.

A vida exige enorme esforço para que eu aprenda a dominar minha própria emoção. Quando ela caminha junto da razão, <u>cuidada por essa</u>, abre-se a construção de nova e promissora realidade. Quando se afasta da razão, a emoção é reconhecida com imenso poder destruidor. Potencial guardado até "explodir a bomba", uma fala indevida, um olhar diferente, um tapa na cara.

> **FELICIDADE É O EQUILÍBRIO DINÂMICO ENTRE EMOÇÃO E RAZÃO E MUITA CORAGEM**

Nesse momento, quero que você pense em uma criança recém-nascida, ainda sem nenhuma roupa, mas já limpinha, sustentada pelas mãos seguras e carinhosas de um adulto. Pense um pouco nela dormindo serena, sem nenhuma ideia da gigantesca história de vida que está por construir. A história da vida dela.

Muitas são as teorias que procuram explicar onde encontrar felicidade. Muitas são as críticas a cada uma delas, tantas, quantos são os detentores das "respostas certas", mas o certo mesmo é que todos nós merecemos buscá-la, nem que seja lá no fundo de nossa alma.

O que apresentarei aqui neste livro é apenas e tão somente mais uma maneira de lutar pela felicidade. Não a "verdadeira" e muito menos a "única", mas uma proposta concreta, possível de ser compreendida e aplicada por qualquer um.

Imagine novamente aquela criança recém-nascida, como todos nós fomos um dia. Afinal, o que será dessa criança, qual será o futuro dela?

- A partir desse momento será construída uma história de príncipe ou plebeu? Não há necessidade de explicar aqui que não me refiro a preconceitos e níveis de nobreza ou riqueza material, ok? Traduzo o caráter que será formado.

Quando nasce uma criança, nasce com ela uma história, que será construída no dia a dia, momento a momento.

Como?

- Com as informações "recebidas e percebidas" por todo o sistema sensorial e também depois de elas serem "interpretadas", isto é, as informações – um som, uma luz, o odor, a pressão na pele... - assumem conceitos, um pouco e às vezes muito diferentes, entre as pessoas.

Tais informações codificadas são então registradas e permanecem guardadas na memória. A cada dia, portanto, nosso comportamento será reproduzido, reproduzido, e reproduzido como respostas compatíveis com essas informações armazenadas. Dados que seguimos recebemos a cada momento durante toda a vida e também interpretamos aceitando como **VERDADES**.

Esse caminho nos conduz a uma gama enorme de possibilidades para nos posicionar em qualquer ponto da curva, entre o príncipe e o plebeu. É a nossa história construída. Reflete exatamente o que somos hoje. Somos o que pensamos, o que interpretamos, somos o que acreditamos ser. Isso apresenta para nós duas conclusões interessantes:

1. Inconsciente:

- Seguimos sempre as verdades construídas em nossa história, portanto, se nascemos em casa com pensamentos racistas, crescemos racistas, pois acreditamos ser aquilo uma verdade.

2. Consciente:

- Podemos mudar qualquer conceito (preconceito) sobre qualquer tema. Se (e somente se) passarmos a ver melhor o outro, colocarmo-nos no lugar do outro e permitirmos a nós mesmos conhecer e, por que não, praticar a outra realidade – a outra história de vida.

No lugar da palavra racista, ali acima, leia machista, homofóbico ou talvez até coisas não tão violentas, mas tão graves quanto, perdedor, inseguro, medroso, ciumento..., dor.

Sou movido por uma convicção muito forte que treinando, procurando reprogramar todas as nossas distorções nas interpretações da vida, evitaremos um número inimaginável de casos de sofrimento. Desnecessário sofrimento. Acredito que esse é o nosso verdadeiro amadurecimento.

Muito do que vem de um "vigiai e orai", vigiar a nós mesmos, nossas interpretações e certezas da vida, e orar para que consigamos apreender de fato e logo. Logo, porque sempre há tempo. Logo, porque deveríamos ter pressa. Logo porque a vida é aqui e agora. Não se perde tempo.

Enquanto não nos ocuparmos desses pontos em nossa história de vida, as manchetes dos jornais continuarão as mesmas. Um dia, a minha própria história de emoção e violência, seja doméstica, seja no trânsito, em um jogo de futebol, no trabalho, na escola..., poderá ser a que estará estampada em um jornal, ilustrada com minha foto com cara de:

- "O que foi que eu fiz"?
- "O que aconteceu"?
- "Por que aconteceu"?

Um grande aviso antes de continuar:

- Ninguém sai ileso depois da leitura dos capítulos adiante. Rasgue este livro imediatamente, queime... Ou confie que há um maravilhoso caminho para todos nós, ao crer que podemos amadurecer juntos, viver mais felizes e, algo que é imprescindível, enriquecer para a vida.

Vamos deixar bem lá trás os infelizes "preconceitos" aprendidos e instalar no lugar, em nosso *hardware*, novos conceitos com base em novos pensamentos, um novo *software*. Os resultados..., serão sim, muito diferentes e melhores. Que tal, você mais rápido e feliz?

Devemos antes agradecer a todo esforço de nossos pais, por nossa história de vida. Se você se ressente dos seus e acha que de fato eles fizeram pouco, acredite, como já escrevi, deram o melhor da capacidade e possibilidades que dispunham. Cada um de nós devolve à vida exatamente aquilo que recebeu (e mais o que consegue agregar). Devemos agradecer a todos os antepassados e honrar nossa vida e a deles.

Como?

- Podemos reorganizar, estimular a razão e capturar novas emoções para, a partir de agora, agirmos diferente: dar ainda mais do que recebemos. Dar aos filhos e a qualquer um que passe por nossas vidas.

Devemos parar de murmurar sobre o que não tivemos, físico e emocionalmente, e passar a construir o que precisarmos para nosso cérebro e coração. Construir a própria vida como sonhamos.

Podemos crescer com novas atitudes e começar a dar, distribuir à vida o melhor que pudermos, a fim de não sermos no futuro mais um objeto da mesma reclamação daqueles que vierem, depois de nós (ou você nunca reclamou dos pais?).

Não quero ser apenas mais um, queixando-se das agruras da vida, nesta minha história na Terra. E você?

- Existe somente uma pequeníssima diferença entre filhos e pais nesta história. Os pais chegaram antes. Sofreram as histórias deles e talvez não tenham tido oportunidade de pensar nessas situações, como você está tendo agora.

Este livro é a oportunidade para pensar, sentir, agir, tentar diferente. Você a tem para si. Está em suas mãos e, o melhor, você não está só.

Lembre-se:

- Estamos todos aqui, para ajudarmo-nos..., uns aos outros.

Sempre.

Capítulo VI

O QUE DIRECIONA VIDAS E ESCOLHAS?

Dois são os processos principais em nossas vidas que agem comandando decisões a cada momento. Inconsciente e consciente.

1. INCONSCIENTE:

- Agimos dominados por pensamentos "interpretados e construídos" em nossa história e de acordo com as informações recebidas a todo momento. Estamos "acordados", agimos e reagimos. Mas somos também conduzidos por problemas não resolvidos, desde a infância. Pensamentos postos como procedimentos automáticos no inconsciente comandam a vida e determinam as VERDADES. Controlam, sempre e sem piedade, nossas condutas que reafirmam o tempo todo nossas VERDADES. E as aceitamos sim, como verdades (únicas).

Quando "me dei conta" (me tornei consciente) desse inconsciente mandão em mim, fiquei muito incomodado.

Como assim?

- Sou dominado por fatos...?
- Algo comanda a minha vida?
- Comanda meus pensamentos e "minhas" verdades?
- **"COMO ASSIM"?**
- **"É POSSÍVEL EXISTIREM VERDADES OUTRAS NO MUNDO, DIFERENTES DAS MINHAS"?**
- Uau!

2. CONSCIENTE

- É uma resolução corajosa de crescimento, procurando conhecer e lutar com as muitas verdades existentes. A minha e as dos outros.
    - **MUITAS VERDADES?**
- Existem outras verdades.

É. Cada um tem uma, construída na própria história. Do mesmo modo como eu criei a minha.

É necessário assumirmos um papel ativo – com gasto de muita energia – para reconhecer e mudar o que for preciso em nosso pensamento, para que tenhamos uma vida mais equilibrada (relacional e pessoal).

Não podemos mais viver passivos, agindo apenas com nossas próprias ideias e crenças. Não somos estanques, e sim, dinâmicos. Há uma enorme necessidade de que também conheçamos a realidade longa e penosamente construída pelo outro. Respeito e reconhecimento do outro.

A mudança deve acontecer em cada um de nós para que, enfim, possamos viver melhor em um mundo com tantas outras..., verdades.

O que é real afinal. O que enxergo em minha vida, dia após dia?

O QUE NÃO ENXERGO?

- Se eu aceitar que existem muitas verdades – a minha e a do outro – devo admitir que <u>a consciência é uma ilusão</u> – é como um sono desperto. Acordados, no entanto, em estado quase sonambúlico. Se não pensarmos nisso, simplesmente acreditamos somente em nossos sentidos e pronto. Qualquer "interpretação" do outro nunca é verdadeira.

É assim que nascem a maioria dos litígios, um embate entre "verdades", essas que não querem calar. Mas podem ser trabalhadas quando nos tornamos adultos maduros, entendendo como "funcionamos".

Uma parada rápida para introduzir um tema nesta confusão:

> **TODO APAIXONADO DESEJA, CONSCIENTEMENTE, COBRIR AS NECESSIDADES DO OUTRO, MAS INCONSCIENTEMENTE NECESSITA E QUER PREENCHER AS PRÓPRIAS NECESSIDADES**

Uma frase perdida no meio deste texto apenas para começar a provocar o tema deste livro. Paradoxo interessante das muitas realidades. Queremos sempre dar o céu para a pessoa amada, realidade que nos parece verdadeira, mas, na maioria das vezes, sem nos darmos conta, estamos buscando alguém que nos entregue e garanta "nosso céu".

De outro modo e com um detalhe muito importante, a saber:

- Lutamos pela conquista do outro, oferecendo o que podemos e, às vezes, o que não podemos. Conscientemente queremos dar, oferecer, entregar, encantar..., entretanto, inconscientemente, a realidade é distinta. Queremos muito mais receber (e cobramos isso sem parar).

Assim é a nossa vida. As "coisas" não são exatamente como pensamos. Para vê-las da maneira mais verdadeira possível e lutar para ser feliz, temos que:

> **1. SABER QUE EXISTEM DIFERENTES VERDADES, OUTRAS VERDADES**

> **2. RECONHECER QUE A VERDADE DO OUTRO É APENAS "DIFERENTE" DA NOSSA. SOMENTE ISSO**

> **3. SER DIFERENTE NÃO É AGRESSÃO, AO MENOS NA MAIORIA DOS CASOS, MAS, REAGIMOS SEMPRE, PELO BEM OU PELO MAL, POR MEIO DE AÇÕES AUTOMÁTICAS**

> **4. ADOTAR UM PAPEL ATIVO, REPROGRAMAR, ABRIR O CÉREBRO, EXPANDIR, CRESCER. SER FELIZ. PENSAR PARA SER FELIZ**

O que você prefere?

- Ser feliz..., ou ter razão para o resto da vida?

Esta frase é bem conhecida, não é "verdade"?

- Para mim, sim. Mas, está banalizada na boca de muita gente. Contudo, é de uma profundidade gigantesca.

Leia a frase novamente.

E mais uma vez.

Agora observe que "ser feliz" depende da sua coragem para questionar as próprias razões e certezas, em prol de ouvir com o coração (e com a alma) as razões do outro.

Ah, o outro, o eterno vilão.

Mas..., mas, o outro (também) sou eu, quando olhado por ele(a).

Por mais diferente que sejamos uns dos outros, o que mais precisamos "sentir em nós" todos os dias?

- Humildade moral.

Outro dia me disseram que não vou conseguir ajudar muita gente. Concordo, porém, o Programa SUPERCONSCIÊNCIA/FAMÍLIA DO FUTURO é para todo mundo. Mas..., nem todo mundo é para o Programa. Em outras palavras: "Felicidade é para todo mundo, mas nem todo mundo irá resolver, decidir e aceitar ter um papel ativo e mudar suas próprias crenças (certezas e verdades). Por medo, desilusão, pouco amor apreendido..., e por não acreditar em si mesmo.

Então, acredite. É possível ser feliz.

Porém..., no entanto, contudo..., amar exige ousadia.

Vamos juntos até o fim (até que a morte nos separe).

Vai valer a pena.

Capítulo VII

Encontros de "Amor"

Em um modelo habitual, as pessoas estão por aí..., na vida..., passeando..., trabalhando..., "vivendo"..., até que um dia..., encontram-se, e apaixonam-se, e....

Passam algum tempo um com o outro e decidem viver, ou morar juntos, casando-se ou não. A maioria conta apenas com a sorte e, assim, 50 a 70% dessas pessoas começam a discordar, cada vez mais, e brigam, e brigam, e brigam, até que se separam, geralmente com muita dor.

Dizem que foi incompatibilidade de gênios, mas a realidade é outra. Incompatibilidade de verdades, experiências de vida, temperada com imaturidade e ilusão (desilusão).

As possibilidades para todas as relações são, de um lado, desde o afastamento com a separação real, sofrida, dolorida..., até outro extremo, um relacionamento ótimo, maravilhoso, UTÓPICO.

Como está seu relacionamento hoje?

1. Separado/divorciado?
2. Quase separado?
3. Em uma péssima relação?
4. Ruim parceria?
5. Mais ou menos?
6. Tudo bem com vocês, mas poderia melhorar?
7. Ou está ótima?
8. Maravilhoso?

Marque com um grande "X" em que ponto você se encontra. Então, pense um pouco e marque com um "V" onde você quer chegar. Marque logo o item 8. Ups! Desculpe, "sem querer", de novo respondo por você.

Vamos neste livro compreender os mecanismos que nos levam a tal ponto, a tal situação. Não podemos permitir que nossas verdades continuem a nos jogar de um lado para outro, devemos assumir o comando de nossas histórias e destinos.

Basta continuar lendo este texto e esteja aberto para crescer, aprender um pouco mais e desejar muito..., ser feliz. Será imprescindível olhar para si mesmo agora, decidir mudar e, definitivamente, passar a ver o outro de uma maneira um pouco diferente.

Façamos um planejamento estratégico objetivo. Essa é uma das propostas contida neste Programa. Tenha paciência, chegaremos lá!

Se você está lendo esta frase é porque ainda não jogou fora este livro, então vamos. Força. Mais um pouco e tenho certeza de que vibrará com os resultados, entretanto, lembre-se, vai ter que botar energia nessa vontade de ser feliz. Aprender a conviver com alguma frustração.

Acredite. Funcionamos como amadores, e às vezes de maneira irresponsável, em todas as nossas relações, sejam elas de casal, pais, irmãos, amigos, sócios, superiores, subordinados, clientes, parentes, vizinhos, companheiros, mesmo na relação com o dinheiro e até com Deus. Precisamos criar uma RELAÇÃO DE EXCELÊNCIA como cabe a uma visão profissional, em cada uma dessas áreas de nossa vida. Para isso vamos iniciar uma busca ativa e consciente do reconhecimento e resolução de problemas, principalmente conhecer – As Reais Necessidades. SUAS..., e do OUTRO. Ops..., "O bicho vai pegar"!

Que bom.

Capítulo **VIII**

Verdades e Realidade

Como colocar as "coisas", as nossas verdades, o mais próximo da realidade, ao menos esperada?

- Primeiro devemos aceitar que fazemos o que superficialmente descrevi até aqui, procurando compreender o porquê de agirmos dessa maneira e reconhecer as consequências que colhemos.

- Depois utilizaremos o conhecimento a nosso favor. Ativamente. E aos poucos (demora um pouco para conseguirmos) removeremos atitudes e pensamentos ruins, contraproducentes, trocando-os por pensamentos maduros, fazendo disso uma prática, um hábito diário.

Insisto na palavra ativamente, porque requer gasto de muita energia, vai contra nossas defesas e, às vezes, até contra nossa naturalidade, nossas ilusões (construídas por muito tempo).

Imagine, por um momento, a imagem de uma mulher, com a feição um pouco triste; aborrecida; em pé; encostada à porta da sala; os braços cruzados; olhando o marido sentado no sofá; de costas para ela, feliz, assistindo na televisão o esporte preferido dele.

Ao redor uma bagunça, algo de sujeira pelo chão, uma lata de cerveja e "otras cositas más", tamanha é a distração e a vibração com os lances do time predileto.

O que você percebe nessa imagem que com a minha descrição veio à sua cabeça (geralmente à primeira vista)?

- Imediatamente podemos descrever uma visão possível:

- Uma mulher aborrecida vendo o companheiro muito mais interessado no que assiste à televisão e não nela.

- Ele está feliz, divertindo-se e ainda sujando a sala, enquanto ela está triste, sentindo-se abandonada e pouco respeitada.

Pare agora e pense um pouco:

- Qual é sua interpretação inicial da imagem proposta?
- Somos conduzidos pelos fatos que estamos enxergando com nossa verdade, imaginação e conhecimentos sobre tristeza, alegria, sujeira, atenção e desatenção.

Histórias possíveis:
1. Ele havia prometido que iriam jantar fora, pois é aniversário de casamento do casal, mas não dá sinais de sequer querer se arrumar. Ela já pediu que ele ao menos parasse de sujar toda a sala sempre que assiste à televisão (igual a mãe dela: "é proibido sujar"), porém, ele não dá a menor bola nem para ela nem para o que ela pede.
2. Ele prometeu e sempre cumpre. Pai responsável, marido exemplar, mas está terminando o último jogo do campeonato. O time que torce está ganhando. Ele sabe, e ela também, que estará pronto de banho tomado em míseros dez minutos (ah..., homens) e, nesse tempo, limpará o que derrubou pelo chão da sala, quando se divertia, afinal, faz isso sempre, limpa e arruma tudo com prazer sem reclamar ou exigir algo dela. Romântico inveterado que adora esporte. Ela não entende como pode ele agir assim, ver um bando de homens correndo atrás de uma bola (igual ao pai dele). Ela pensa em passarem antes no *shopping* para mais algumas compras, por isso está triste, sem, em momento algum, "pensar no que ele sente" e o que aquele jogo representa para ele.

O que importa aqui não é a história de fato, e podem ser muitas, mas..., o que cada um de nós, imediatamente, interpreta na vida do outro, e que essas diferenças podem sim trazer tantos desentendimentos. Ah..., nossos preconceitos, certezas, VERDADES!

As pessoas brigam todos os dias por não concordarem com o comportamento do outro (por não compreenderem o outro).

> **AS PESSOAS BRIGAM POR NÃO COMPREENDEREM O OUTRO**

Cada um defende o ponto de vista próprio, a interpretação da vida, geralmente de modo automático, irracional, inconsciente, "sem pensar melhor, pensar mais, pensar bem, pensar antes...". Muitas vezes, depois se arrependem.

Somos identificados como animais racionais, temos capacidade desenvolvida para usar a razão, porém, a maior parte do tempo somos irracionais, bem pouco racionais.

Somos treinados para "não pensar" (levados neurologicamente a não pensar), e isso é muito bom para a maioria das nossas atividades, como dirigir carro, tocar um instrumento musical, tomar banho, mas não para nos relacionar.

Não existe relação boa e adequada sem um grande pensar.

Todos sofrem se permanecer tudo no automático.

Reage. Reage. Reage...

Se nossas "verdades" podem estar causando tantas dores..., a quem mais amamos, pais, filhos, companheiros..., toda família, dificultando a produtividade e o crescimento profissional da família, atrapalhando os estudos dos filhos... vamos insistir até quando nesse padrão?

- Aliás, finalmente pergunto, não mudamos por quê?

- Simples! Muitas vezes não sabemos sequer que há um problema. Que ele pode ser resolvido. Como resolver.

Então..., que tal usarmos o cérebro?

- Para isso precisamos APRENDER sobre ele.

Vamos juntos conhecer mais o cérebro?

Capítulo IX

Um Pouco de Alguém

Em todos os relacionamentos cometemos erros. Ninguém sabe tanto como gostaria e é difícil estarmos atentos o tempo todo. Falhamos e às vezes levamos um bom tempo para perceber. Essa é a sacada para agora: - levamos tempo para perceber, "descobrir" que existe algo nos relacionamentos, que podemos dar mais atenção e mudar (em nós).

Adaptações são úteis e acontecem necessariamente com todos, independentemente da experiência de vida que já tenham experimentado e do preparo que já tenham adquirido. Sempre há o que aprender.

O que se pode diferenciar uns dos outros é a capacidade de percepção e objetivos que já se tornaram conscientes. Uma habilidade para detectar, observar os problemas acontecendo ou o risco iminente de acontecerem, assim, com um olhar para si e para o outro. A criança praticamente não possui essa sabedoria. Pós-puberdade inicia-se a corrida pelo amadurecimento da inteligência para se relacionar – difícil começo – e o adulto já deveria ter acumulado poder suficiente para..., ser feliz.

Como é bom descobrir "o mundo do outro" e tornar isso uma prática ativa, atenta, repleta de humildade.

Esta é a história contada por um grande amigo:

Em determinado momento, em uma data qualquer, ele e a esposa não estavam tão bem quanto desejavam. Algo incomodava profundamente ambos e não conseguiam ver ou sequer tentar enxergar o que acontecia em algumas situações.

Ela, excelente profissional na área que atuava, durante a pandemia pela qual todos passavam naquele ano, começou a desenvolver as atividades de trabalho em casa. *Home Office*. Experimentava a vida doméstica naturalmente e quando era horário de trabalho, trabalhava. Sabia separar bem casa e trabalho.

Era nítida (para ele ainda não) a linha que dividia a vida dela no lar e a vida dela no "novo escritório", em casa.

Meu amigo entrava algumas vezes no ambiente de trabalho dela, o que era natural, "normal para realidade dele", e não recebia as reações que esperava da esposa, geralmente apenas mínimos olhares. Esquisitos olhares. Olhares de leve reprovação.

Ok, ele estranhava e saía de fininho, afinal ela estava concentrada e, portanto, saía para fazer "as coisas dele".

Meu amigo, também médico, como eu, quando fora do consultório, cirurgias..., e em casa, com livros, atividades de pesquisas, distrações, enfim, tudo é vida e trabalho – assim, é a realidade dele (e a minha também). Coisa de médicos, acho! Pelo menos para a grande maioria, fazemos uma grande mistura..., um embrulho, casa e trabalho. Talvez porque precisamos estar sempre preparados.

Cresci em casa de médico vendo meu pai trabalhar e, ao mesmo tempo, estar disponível aos pacientes 24 horas por dia. Assim como o meu amigo, também aprendi e repeti esse mesmo padrão. Portanto, para nós, casa e trabalho se confundem, mais..., ou menos. Para a esposa, dele não (minha também não). Hora de trabalho..., trabalho, hora de casa, casa e todo o resto que complemente a vida, com a inclusão do importantíssimo item..., "principalmente" a família!

Aprendi a importância dessa separação casa-trabalho, graças à minha esposa (parceira, aprendiz e também instrutora da vida). Mesmo assim, ainda falho às vezes e preciso me policiar. Meu amigo ainda não havia nem pensado sobre esse dilema. Foi em uma conversa nossa, durante um plantão mais calmo, que pudemos conversar e eu consegui ajudá-lo neste assunto.

Para a esposa dele, o fato de o marido estar em casa lendo artigos científicos, postando provocações médicas para colegas nas mídias sociais, sempre com pensamentos de aprender, ensinar, trocar conhecimentos, era descaso para com ela. Claro que na consciência dele estava junto, mesmo que ela precisasse se dividir com tudo mais: filhos, cachorro, cozinha e com ela mesma.

Enfim, as coisas não estavam muito bem, e ele não conseguia ver por que, até que um belo dia..., ele se jogou no sofá "junto com a família", no momento em que todos assistiam a um programa de culinária. Repito, "na consciência dele ele estava junto". Ele me disse que em um ato contínuo, pegou uma revista, já que o programa na TV, decididamente, não lhe interessava. Não demorou muito e escutou a filha falar: "Mãe..., o papai não sabe relaxar". Ele percebeu que elas se entreolharam algumas vezes, antes de a filha exprimir aquela fala fatal.

Pois bem. Todos naquela família não aceitavam direito o padrão dele como médico, diferente dos hábitos da mãe em separar cada instante. Como assim, pensou?

De novo, "na consciência dele – na verdade dele", estar na praia, ler um livro de fisiologia ou bioquímica é absolutamente..., relaxar, tanto quanto assistir na TV um programa de culinária, que decididamente não interessava a ele, mas estava com eles. Estava? Não estava?

Não existe pessoas que gostam de palavras cruzadas? - Ele me contou que também gosta! Para ele distração é escrever "glicose" nos quadrinhos das palavras cruzadas, assim como tentar descobrir por que a glicose é tão importante para manter a nossa vida. Estudo, trabalho, diversão..., deliciosa confusão (Putz! Eu também sou assim).

Em uma temporada de praia devorei um compêndio inteiro sobre nutrologia, com mais de seiscentas páginas, e pensei que estaria tudo certo, afinal, estava com a família. Uns gostam de torrar ao sol, eu gosto de ler na sombra. "Me ferrei". Sentiram a minha falta. E eu não vi isso.

Outra vez notei, com o canto dos olhos, outro grande amigo tirar uma foto minha, pensando que eu não havia visto, só porque estávamos em alto mar, no iate dele, e eu deitado, "namorando" um livro de fisiologia médica enquanto todos se divertiam e cantavam. Eu também me divertia, cantarolava, enquanto lia. Mais tarde, ele perguntou como aquele livro conseguiu entrar no barco. E respondi: - Contrabando! Amigos de juventude, amigos de baladas. Eu sempre me diverti muito.

Voltando ao meu amigo médico e sua grande descoberta:

- Na sala de casa, no momento que pegou a revista, percebeu a família o querendo junto (mais "junto" do que ele acreditava estar – ele era muito importante para todos ali). Desejavam que ele assistisse o programa que a eles interessava. Para a realidade deles, estar junto é assistir junto. O fato de ler era, de certa maneira, falta de consideração da parte dele (e minha para com a minha família devorando aquele livro de nutrologia na praia). É uma agressão para os outros, ou transgressão? - Que tal? Ele estava apenas fisicamente presente e, para a família, isso era uma linguagem de absoluto descaso.

Então, contou-me naquele dia de plantão, compreendeu o descaso de esposa durante as visitas ao escritório dela, "no horário de trabalho". E percebeu que eles não entendiam "o jeito" um do outro. De imediato, começou a construir uma nova estratégia. "Ei! Filha! Também quero aprender a fazer *cupcake*". A filha abriu um sorriso enorme que foi um dos maiores presentes que ambos trocaram até então na vida. "O que eu posso fazer por você"? Toda a família ganhou com a nova "verdade".

Não é fácil "pensar", no entanto, é extremamente necessário. De pronto, passou a se divertir assistindo na televisão pessoas cozinhando e levando bronca de experts cozinheiros nervosos.

Nada como uma boa conversa entre amigos, pais e filhos, casal. Aos poucos, as coisas começam a ser mais bem compreendidas e significadas de outro jeito. Repito. Fácil não é, todavia, será pior sem um olhar de todos para essas diferentes verdades. Encrenca fácil. Muito sofrimento. Destruição arrastada ao limite do tolerável. Chega!

Quanto tempo de terapia para chegar a esse entendimento?

- Afirmo que seria algum tempo e não pouco, porque não é do dia para a noite que novos significados são detectados e absorvidos, porém, com esforço e boa vontade (dos dois, de todos), é possível sim.

Lembra que eu disse que exigiria atitude e gasto de energia?

- Observe sua vida, os padrões próprios de história, em diferentes situações e relacionamentos. Quanta "verdade" alheia pode estar sabotando "sua" felicidade?

- Hoje, quando eu mesmo pego um livro para ler, observo o que todos estão fazendo, e ativamente penso, qual é o melhor investimento.

Loucura..., neura? - Não!

LOUCURA É EM NOME DE UMA SUPOSTA LIBERDADE, VIVER CEGO, DEBATENDO-SE E FERINDO UNS AOS OUTROS

Repetindo uma questão muito importante:

- Se suas verdades causam tanta dor a você e a quem você mais ama, seus filhos e toda a família, vai insistir até quando nesse padrão? Aliás, não muda por quê?

- **PORQUE NÃO SABE COMO!**

- Que tal então começar a utilizar o cérebro novo para superar as defesas criadas pelo cérebro antigo?

Capítulo **X**

CÉREBRO NOVO – CÉREBRO ANTIGO

Imagine um crocodilo. Apresento-lhe, assim, seu cérebro antigo, por isso mesmo conhecido como "cérebro reptiliano". Ganhou esse nome por ter se desenvolvido primeiro nos répteis, durante a evolução filogenética – diversificação natural das espécies.

Cérebro mais antigo, automático, controla funções vitais de modo inconsciente, isto é, abaixo do consciente, você nem precisa saber da existência dele ou sequer consegue controlar. Ele tem por objetivo nossa **sobrevivência.**

Para tanto, a natureza utiliza algumas estratégias primitivas mesmo que já bem complexas. Você precisa escolher respirar? Ter um coração batendo? Ligar o botão do suor para controlar a temperatura corporal? - Não, verdade? A natureza pensou, pensou, pensou, durante milhões de anos, avaliou bem e disse: "Melhor deixar isso comigo".

> **BUSCAR PRAZER: ALIMENTO, ABRIGO E REPRODUÇÃO**
> **EVITAR DOR: AUTOPRESERVAÇÃO, DEFESA E DOMÍNIO**
> **"APROXIMAÇÃO E DISTÂNCIA/FUGA E LUTA"**

Aproximar-se do que precisa, afastar-se do que pode prejudicar, fugir sempre antes de lutar. A biologia aprendeu muito com o tempo.

O cérebro reptiliano, que todos nós temos, está localizado na base de nosso sistema neural, possui núcleos de células responsáveis pelo controle da respiração, batimento cardíaco, tônus muscular, vascular, regulação da temperatura corporal, produção de hormônios centrais etc. Tem muita coisa acontecendo em nossa cabeça além do pensar e sentir.

Quero perguntar para você, mais uma vez:
- Você manda seu corpo começar a suar para baixar a temperatura?
- Você ordena aumento ou diminuição dos batimentos do coração?
- Você consegue, por vontade própria, relaxar ou contrair os vasos sanguíneos para, respectivamente, diminuir ou aumentar os níveis de pressão arterial?
- **NÃO!**
- Você pode parar a respiração por vontade própria. Segura aí a respiração! Então, pergunto: - É capaz de manter isso por quanto tempo? - O primitivo não deixa. Não permite você morrer só porque decidiu parar a própria fisiologia. Não dá. FISIOLOGIA só cessa na morte.

São processos que ocorrem em um **nível abaixo, fora, inferior, sub, da consciência**. Você nota o efeito resultante dos processos que acontecem 24 horas por dia, para sua segurança, apenas se forem intensos, como forte aceleração do coração – taquicardia – para te dar gás, fugir, lutar, ou você pálido, branco, porque o sangue foi desviado da pele, com a finalidade de, durante perigo real ou imaginário, levar energia (nutrientes e oxigênio) para onde mais precisa: músculos. Fuja ou lute.

São processos independentes da vontade e trazem vantagens gigantescas, afinal, você não precisa ficar de olho também em seu mundo interior, seu corpo fisiológico, porque há um "sistema automático de proteção", enquanto você segue pela vida.

Isso é importante: - Há um radar de percepção para o ambiente interno e outro que "controla" o ambiente externo, órgãos sensoriais que avaliam imagens, sons, odores, sabores e sensações para a manutenção do equilíbrio suficiente na busca de necessidades e sobrevivência.

Ao tocar em uma superfície muito quente automaticamente você puxa a mão durante míseros (e inconscientes) microssegundos, antes de se dar conta (ter consciência) da burrada que fez. Isso acontece para que uma lesão seja evitada, para quando e se houver dano seja sempre o menor possível.

Afastamos a mão do calor antes de "pensar" que precisamos tirar a mão dali. "Reação" automática. Imagine que bacana você com a mão apoiada em uma chapa quente, "pensando" se deve ou não afastar logo sua mão daquela situação de perigo. Dói né? Melhor não.

Conhecido como arco reflexo: - Um nervo sensitivo é acionado pelo calor (sentido) na superfície tocada, até mesmo só pela aproximação, e dispara um aviso que percorre o corpo até à medula, na coluna vertebral.

Então, sem que você note (perceba), um sistema bem primitivo estimula um nervo motor, que ativa o músculo imediatamente, contraindo o membro da área onde está ocorrendo, ou prestes a ocorrer, a lesão. Assim que queima a mão (ou quase), ela salta para trás em um movimento brusco de defesa, sem precisar de uma ordem sua. Às vezes, o movimento é tão rápido que provoca dor, tamanha é a reação muscular. Porém, essa dor logo passa, e suas defesas evitaram um dano maior.

Com certeza você já assistiu às "pegadinhas" que passam em programas de televisão. Lembre-se das reações automáticas de susto. A pessoa pula, foge, em alguns casos ela imediatamente reage, agride, bate (fuga ou luta), o que é um processo sempre inconsciente e benéfico.

Então vamos lá.

De modo idêntico, principalmente no momento de uma briga de casal – o casal é o tema deste livro –, o consciente pouco participa da discussão e prioriza o inconsciente. Basta uma pequena agressão verbal inicial e a reação pode ser violenta, porque fugiu da nossa capacidade de consciência e maturidade. E, lembre-se, pode nem ter sido agressão para quem falou, mas, interpretada como agressão pela história que construiu uma verdade, de quem ouviu. Nossas feridas emocionais são "tocadas" todos os dias, e doem se não reconhecidas e tratadas.

A coisa funciona na base do pronto: Bateu/Levou! Lei da selva, lei primitiva cerebral. Cérebro reptiliano. Perdemos o controle. Já ouviu, leu ou viveu isso, antes?

- A reação automática disparará "um tapa" ao primeiro sinal de perigo ou uma interpretação de perigo.

Para melhorar nossas defesas (ou piorar quando sem controle), surgiram, durante a evolução das espécies, novas estruturas cerebrais importantes. Ufa! Vamos evoluir um pouco em nossa apresentação:

- **O SISTEMA LÍMBICO** – uma porção neural que a natureza construiu, ao longo do tempo de evolução, logo acima do cérebro reptiliano, que acabamos de comentar.

Qual a principal função desse sistema, antigo, mas não tanto assim?

- Oferecer "emoções" para "potencializar" respostas necessárias. Assim, promove a atração entre seres vivos, agora com possibilidade da construção do "amor". Uma ferramenta a mais para favorecer a reprodução (ordem reptiliana) e posterior manutenção da vida, propiciando proteção recíproca, mantida pela mais forte união entre dois seres vivos. "Amor" é sensação difícil de explicar racionalmente, porque é também de fonte primitiva, agora límbica. Aproxima, ainda mais, une e solidifica um relacionamento enquanto o primitivo acelera corações apaixonados.

Todavia, vizinha do amor, está a emoção do "medo", esse, também muito positivo, pois, é uma excelente ferramenta para nos afastar da dor, não obstante, muitas vezes complica demais... o amor.

Acredite. O medo, uma das principais e mais comum emoção, aumenta nossa proteção fazendo a gente correr do perigo de modo mais eficiente, ou faz com que nem cheguemos perto daquilo que precisamos evitar. A emoção do medo é arma poderosa para nos ajudar.

- Lembra-se da chapa quente? MEDO!
- E um tigre na selva, você quer mesmo chegar bem perto dele?

Então, o medo faz com que você não se aproxime mais do que deve, contudo, o medo também pode maltratar (muito).

- Quando há medo do amor.
- Medo da não conquista.
- Medo da perda.
- Medo do abandono.
- Medos muitas vezes irreais e/ou exagerados.

Medo gera proteção, mas também reações de domínio e agressão.

Emoções primitivas são fortes, como o amor e medo, alegria e tristeza, raiva, nojo, e formadas pouco acima do cérebro reptiliano, este, que produz em você a fisiologia da taquicardia, sudorese, hipotensão, junto da emoção. Entretanto, nossas defesas, por meio das emoções, podem, sem "<u>controle racional</u>", destruir. Trataremos disso mais adiante.

Precisamos saber que a intenção cerebral é sempre positiva para o indivíduo, para defesa, para ganhar, conquistar e não perder. O cérebro não é burro, apenas ingênuo e imaturo, tem muito o que aprender e evoluir (nosso objetivo maturidade). Um dia chegaremos lá. Ou quase lá.

No amor, não deveria existir medo. E não existe. Ou existe?

É que o amor também deve crescer e amadurecer para se tornar amor de verdade, antes disso, o "amor" é apenas paixão, reconhecida e tratada por muitos como loucura. Deliciosa loucura, uma estratégia da natureza para aproximar quem mais precisa um do outro (?).

O amor é emoção que evoluiu muito com o ser humano, se ele der conta disso e a isso se permitir. Acredite, "pensado da maneira correta" será maravilhoso permitir.

Tenha certeza de que no amor maduro não existe medo. Na segurança e primitividade dessa emoção, existe doação, atenção, empatia, altruísmo, justiça e compaixão. No amor imaturo sim, existe muito medo. Medo que leva ao ciúme, dominação e violência... Porque na pessoa imatura não há amor, apenas posse, domínio, agressão, e muita, muita dor.

Dizem por aí que um casal grita, berra um com o outro, mesmo estando perto suficiente, o que permitiria a ambos notar os sussurros de um amor que, como verdades, ainda existe ali. E muito. Gritos de desespero acontecem porque no momento de uma briga, na raiva, todo o cérebro está bloqueado, fechado pela emoção do medo. Não se consegue pensar com qualquer ordem, direção ou escuta. Ninguém mais "sabe o que fala", o que pouco importa, afinal, ninguém mais ouve aquilo que em uma situação normal nunca falariam um para o outro. Falta aqui um cérebro maior, um comando, uma direção – um lobo frontal forte, maduro, treinado. Falta alguém para dar um grito maior para si mesmo: **PARE!**

Vocês se amam demais, desejam demais, precisam demais..., para permitir uma insanidade que só um primitivo louco, sem controle, é capaz de gerar. Este livro existe para ajudá-lo a dar o grito de PARE. E a viver para sempre a verdadeira função do amor. Acredite, funciona. Use o primitivo e FUJA nessa hora (caso infelizmente passar por ela). Isso ele também sabe fazer, muito bem.

Sabe aquela frase "até que a morte os separe"? Lá na frente vou contar para você que ela é muito mais que isso. Aguarde!

"Ah! Doutor Jacyr! Mais sempre há exceções, você não sabe o que eu passo com..." **PARE!** Olha a emoção aí! eh eh... Calma, vou contar como funcionamos em cada situação. Melhor. Direi o que treinar e fazer.

Chega de luta e fuga, sem direção.

Capítulo **XI**

O Córtex Cerebral – Um Avanço

Encobrindo, envolvendo e se sobrepondo a todo o sistema primitivo de base, que ainda sobreexiste em nós, desenvolvemos evolutivamente o córtex cerebral, a parte de nossa cabeça que pensa, planeja, decide, responde, cria. A única área neural capaz de nos fazer..., felizes (se houver comando). Uma evolução da natureza. Dá direção aos instintos. Arbítrio. Dono no "**PARE!**" Ou do "**Vá logo! Vai dar certo! Faça o que precisa ser feito. A minha emoção torce por você**".

Vamos manter nossa conversa assim, até aqui. Existem outras regiões corticais importantes. Sempre falo bastante do nosso lobo frontal (o verdadeiro comandante), parte fundamental do córtex para a nossa vida, principalmente no tema Verdade, Realidade e Insanidade. "Psiuu! Não olhe agora, ele é o diretor chefe de todo o cérebro". Deixei bem separado no tema SUPERCONSCIÊNCIA, VISÃO E FUTURO, mas aqui vamos mantê-lo como um todo, juntos na porção superior dessa quantidade imensa de neurônios que constroem nossa vida. Lembre-se: primitivo, límbico e agora córtex. Vamos ficar com essas três áreas.

O medo (assim como todas as emoções – límbico) sempre evoluiu como um grande motor, cuidado, proteção, e sempre trabalhará para nos ajudar (ou atrapalhar quando sem comando e direção). Ele influi em todos os nossos comportamentos. É aquele sentimento que surge não se sabe como, nem de onde, antes de pedir um emprego, encontrar-se com a pessoa amada, um maravilhoso e inexplicável frio na barriga que se sente querendo começar logo um namoro..., e tantas outras (todas) decisões importantes na vida.

O fato é que somos regidos e conduzidos por três cérebros. Uma confusão gigante quando sem "piloto".

O <u>reptiliano</u> aumenta a frequência cardíaca e a respiratória e o faz suar e tremer "quando você enxerga a pessoa amada". A reconhece graças ao <u>córtex cerebral</u>, bem mais acima, e o <u>límbico</u>, espremido no meio dos dois, explode em uma mistura com emoções de medo e felicidade. "Eba"! Alegria por encontrar "o amor da sua vida" (córtex – reconhece); "Uia"! Medo de não ser aceito ou até mesmo perder (límbico).

Muita raiva, quando "sente" (límbico) e "percebe" que poderá de fato perder para... alguém, qualquer outro que a insegurança e a imaturidade identificar (pensamentos gerados no córtex) e, por fim, tristeza, quando se dá conta que... "Iiiiihhh" perdeu.

- "Eu mato quem se aproximar e passar à minha frente".

Essas "coisas mentais" servem para o amor, para a compra de um carro, roupas, viagem, até mesmo um lugar perdido na fila do lanche da escola. "Passo por cima"! Ou..., fujo.

Um cachorro morde se você tentar tirar dele o prato da comida, pelos mesmos motivos cerebrais. Só que nós não somos "cachorro". Ou somos? Podemos tentar comandar um "pensamento melhor? - Podemos, o cachorro não. Pensar bem, pensar mais, pensar antes...

O "doguinho" também tem um primitivo reptiliano que faz acelerar o coração, eriçar os pelos, ranger os dentes, latir... O límbico traz a raiva que o deixa com cara de brabo para afastar você da necessidade alimentar dele – luta (ou fuga, se você for maior e mais poderoso, função protetiva do medo..., e depois tristeza por ter perdido o "almoço"). O cachorro também possui algum córtex suficiente para tentar organizar (pensar) no que fazer. Mesmo que ainda sem tanta direção como nós, que já ganhamos da natureza o nosso lobo frontal (visão de futuro e direção) que ele não tem, a biologia dele não chegou lá ainda. O cão vai embora e a fome o fará buscar outra coisa para comer. Mas, sem tanto planejamento, apenas reagindo ao meio. Nós... passaríamos a pensar na feira, supermercado, um bom restaurante ou como roubar de alguém ou algum lugar caso sem condições para comprar. Planos para o bem ou para o mal.

Ah! O lobo frontal, que planeja e enxerga o futuro, ajuda-nos nesta hora a avaliar a situação de modo... maduro (ou mesmo para o ladrão imaturo, ou violento, ou...).

O cachorro late e morde.

Nós, não poucas vezes, gritamos e distribuímos tapas... para quem "fura a fila" bem à nossa frente? Ou (ufa, nosso tema) para quem afirmamos amar e diz ou faz algo que não gostamos? "Ki horror!"

A pergunta que não quer calar:

- Quem ganha a briga aí em sua cabeça, dentro de você?

Reptiliano, límbico ou o córtex, quando auxiliado pelo lobo frontal?

- Melhor seria perguntar desse modo:
- "Como você quer levar a sua vida"?

Ei! **PARE!**...um pouco, respire, reflita, grite, chore, mas avalie muito bem essa pergunta. Volte a ela quantas vezes forem necessárias. Volte ao capítulo todo.

"Como você quer levar a sua vida"?

- Planejando...? Ou gritando, gesticulando, batendo e apanhando?
- Vai! Escreve, não tenha..., medo! Pronto!

Deu taquicardia, um pouco de suor, acelerou a respiração, empalideceu, rangeu dentes..., jogou longe este livro (de novo) "para nunca mais..." brincadeira de mau gosto.

SUA RESPOSTA:

- "Descobri que tenho poder e comando em meu cérebro e a partir de agora vou exercitar em cada situação que me for dada por Deus, todos os dias, para que eu possa 'sentir' minha força sobre cada situação, 'perceber' o que será melhor a fazer em cada caso e 'refletir' a direção que meu cérebro novo é capaz de dar para a minha felicidade".

Ui! Reagi sem pensar e respondi por você (outra vez). Meu primitivo.

Mas, agora, você já está um pouco mais preparado para acreditar, compreender, dar novos significados e, por fim, fazer novas escolhas.

E você ficará ainda muito melhor.

Tenho certeza. Não vai "me morder".

DECISÃO, palavra-chave para a sua felicidade.

Decisão (bem pensada) é trabalho para o cérebro novo.

A evolução é sua. Decida.

É sua responsabilidade aceitá-la, pensar, treinar..., e ser feliz.

Quero que você saiba disso e lembre-se sempre: - nossas ações e reações são diretamente dependentes da narrativa que construímos e acreditamos durante toda uma vida, isto é, agimos de acordo com o que acreditamos. Nosso cérebro funciona de modo pleno – todas as partes – para fazer acontecer aquilo que enxergamos como "verdade". Um futuro melhor se realizará quando alcançarmos primeiro o controle da nossa mente, e para isso é preciso avaliar nossas narrativas e colocarmos cada escolha coerente com a paz e a felicidade. Mudar narrativas, avaliar "regras autoimpostas", corrigir e adequar rotas. Melhorar "verdades". Outro grande tema do nosso Programa: "VERDADE, REALIDADE E INSANIDADE".

O comandante de um jato está no lugar certo quando escolhe se sentar no *cockpit* e assume o que precisa ser feito para a segurança de todos. Decolar, seguir e chegar aonde planejou (e precisa estar). Resta para nós assumirmos o lugar que Deus construiu, para mim e para você, organizar de modo inteligente o que devemos pensar e assim sentir com mais maturidade e... decolar, na direção que todos nós merecemos. Somos um cérebro pleno, é bom saber disso.

Ninguém merece conviver com narrativas mal construídas.

Lá na frente, no último tema do Programa, VOCÊ, CIÊNCIA E ESPIRITUALIDADE, contarei para você onde e em qual momento a Fé "entra nesta história", como força de empuxo para nosso desenvolvimento em toda a maravilhosa natureza de Deus.

Em aerodinâmica, o empuxo é a força produzida por uma turbina, quando uma certa quantidade de massa é expelida ou acelerada em uma direção (para trás, você sugando, devorando e afastando tudo o de ruim que existe pela frente) e a terceira lei de Newton prevê o surgimento de uma força de reação na mesma intensidade e direção, no sentido oposto. O mal fica, você "brilha e decola". Avião decola.

Você é o motor, a turbina, a fé é a direção correta quando projetada com a inteligência construída com um cérebro pleno.

Por sua felicidade e pela minha escrevi este livro. Faça a sua parte. E agora vai lá, vá abraçar quem tanto ama, aquele por quem seu cérebro "decolou". Aja, não reaja.

Capítulo **XII**

ATITUDES POR DECISÃO PRÉVIA

Então, para justificar aquela resposta (sua e minha) no capítulo anterior, "como quer levar sua vida?", vejamos.

Nossos atos podem ter origem em qualquer porção do cérebro, porém, muitas vezes partem como ações do cérebro primitivo, portanto, apenas reativos, sem pensamento ou qualquer avaliação prévia. Já, a decisão consciente promove a possibilidade de outras "atitudes" que podem e devem incluir temperança, calma, paciência... Essas só ocorrem pela ativação do cérebro racional superior. Isso é, ações maduras que determinam a qualidade da nossa vida relacional. Sendo assim, ser feliz é uma escolha:

História I:

- Domingo, oito horas "da madrugada" (para domingo é, para alguns). Nhiéééééé... éééééé... Zzuuummm... Zzuuummm... Nhiééééééé.... Ruído irritante. Vou até a janela e vejo o vizinho de uma casa próxima manejando um belo cortador de grama..., trabalhando. Nhiéééé... éééé...

Imediatamente, em algum andar abaixo do meu, ouço alguém começar a xingar, colocando em prática..., o cérebro primitivo.

Pois bem. Eu já estava acordado àquela hora e como levo meu cachorro para passear todos os dias, calmamente, saí e fui até aquele vizinho barulhento. Assim que cheguei à frente da casa, percebi que era um senhor de origem oriental, pequenino, aparentando já boa e certa idade, que naquele momento não mais tinha às mãos o famigerado cortador elétrico de grama, mas ele estava sobre uma escada, podando, com uma silenciosa tesoura, agora manualmente, uma cerca viva.

Bom dia, senhor! (Exclamei eu à frente do portão da casa).

Podemos conversar?

- Ele acena positivamente com a cabeça, mas apenas com o canto do olhar, sem parar o que estava fazendo. Quando comecei a contar por que estava ali, ele prontamente emitiu um som de desprezo e acelerou o corta-corta com a tesoura, nitidamente demonstrando irritação e que não queria aquela conversa.

Quais as minhas possibilidades de reação?

Cena I – O cérebro primitivo – destreinado:

- Ôoo seu grande B%#*"&\/... (revolta). Com quem você pensa que está falando? - (ameaça) – (e esta frase é bem conhecida) – (risos meus). - Espero que caia dessa escada e se arrebente, seu #*"$@&..., – (raiva).

O tal senhor ameaçaria descer da escada. Eu, com "ódio mortal", berraria ainda mais alto para impressionar – (provocar medo) – e esta escolha nos levaria até quando fôssemos terminar na polícia..., ou debaixo da terra (cortando grama por outro ângulo – mais risos meus).

Cena II – O cérebro novo – treinado (foi o que fiz naquele dia):

- Senhor. Sei que estou incomodando e atrapalhando seu trabalho. Sei também que me entende e está me ouvindo, não precisa vir até aqui, respeito e admiro o que o senhor está fazendo, apenas peço para que compreenda. Algumas pessoas estão descansando, afinal hoje é domingo. Quem sabe, talvez, seja essa uma ideia para o senhor mesmo avaliar. O senhor pode escolher começar o dia fazendo exatamente o que está fazendo agora, essa tesoura não provoca barulho e poderá deixar para cortar a grama, com o cortador encrenqueiro, mais tarde quando todos já estiverem acordados. E fui embora.

A cena II foi a que "**escolhi para a minha vida, para sempre**". É uma decisão prévia – uma atitude pensada. Meu cachorro só me olhava – com o cérebro primitivo dele, de amor e proteção. Parecia que sorria..., com o canto do "bo'cão'-babão".

O fato é que nunca mais ouvimos o barulho do cortador de gramas, tão cedo pela manhã. Passo todos os dias por ali, cumprimento aquele senhor, ele me responde com um belo sorriso..., e um grande "bom dihháááááá"..., muito oriental.

Simples assim.

Simples nada. Isso requer treino, muito treino, confiança, empatia e amor – **TODOS OS NOSSOS CÉREBROS JUNTOS E TREINADOS** – coordenando a vida, sob o comando maior do lobo frontal. Por enquanto, lembre-se, funcionamos assim, em todas as nossas relações. Vigie!

Não sou perfeito e provavelmente nunca conseguirei ser.

O objetivo não é ser perfeito (leia 10 vezes), mas ser humano e aberto para aprender. Falho muitas vezes, hoje sei disso. Assumo minha consciência e meus erros, responsavelmente. Aprendi a pedir desculpas quando falho e, o mais importante..., sei que estou no caminho para um amadurecimento mais saudável.

História II:

- Conversando com um amigo, ainda sentados à mesa de uma reunião, logo após resolvermos uma série de "problemas no trabalho", o telefone dele toca.

- "É a Francis – (a filha) – ela bateu o carro"!
- A pergunta imediata dele ao telefone:
- "Está tudo bem, filha"?
- "Sim, estou bem, mas o cara é o culpado..., e está muito bravo e gritando comigo"!

Meu amigo olha para mim e diz:
- "Dá para ouvir os berros do cara brigando com a Francis"!

Cena I (possível e comum) – um cérebro primitivo destreinado:
- Esse cara vai ver só (revolta). Saímos correndo, mas como estamos apenas sob o controle do cérebro primitivo, bastante burrinhos, esquecemos de perguntar onde ela estava (raiva).

Vamos nervosos e para qualquer lado, porém, meu amigo mais centrado – um pouquinho – (risos meus) – caminha logo atrás, ao telefone, anotando o endereço. Vamos a pé, afinal, descobrimos (ok..., ele descobriu), que eles "bateram" há apenas cinco quadras de onde estávamos.

"Eu vou matar esse cara"! "Quem ele pensa que é"?

Note estas frases aqui, mais uma vez, uma arma que usamos "no automático" e que sempre procura afirmar que somos "o cara" e o outro sempre é um "nada".

O cérebro primitivo economiza agrupando pessoas e coisas em categorias de registro (explicarei mais adiante) e repetimos seguidamente essas idiotices, sempre sem pesar (primitivo).

No caminho já levanto as mangas e parto para briga assim que chego no local do "terrível acidente" contra a filha do meu amigo. Como se o cara, o outro, "o causador do acidente", também não fosse filho, pai, amigo, vizinho de alguém.

Dou um chute no peito do "bandido" que está falando com a "menina", filha do meu amigo. E ela imediatamente diz: "Pare! Este aqui só está tentando me ajudar e acalmar. O "cretino" é o outro. Mais raiva!

- "Não quero saber". Grito – devido a uma vergonha também primitiva – medo. Agora preciso me esforçar ainda mais, para demonstrar meu lado "macho alfa, quem manda aqui", para esconder meu erro tolo, inicial.

Começo a falar grosso e ainda mais alto:

"Quem é o imbecil que gritava com esta menina"? Um jogo de palavras, "o imbecil" é o outro, claro, sempre. "Menina" é a frágil que precisa ser defendida. Vinte e sete anos de idade, tem a "frágil menina".

Identificado "o meliante", parto para o pescoço dele, e começamos a rolar no chão pela rua. Curiosos à volta muitos gritam porque querem ver sangue, outros porque não querem ver sangue, a filha do meu amigo grita, meu amigo grita. Todos... (lembre-se) "porque ninguém escuta".

Todo o primitivismo comendo solto, e como dizia sempre minha querida e saudosa mãe, "...e o diabo dááá risada".

Até que vem um caminhão... e, como não colocamos o triângulo a uma distância de segurança do acidente, coisa que só um cérebro treinado cortical faria, ele não nos vê e passa por cima dos dois animais que rolavam pelo chão. Eu e o tribufu. Nós (Roteiro exagerado..., será?). Conhece alguma história assim?

Cena II – Ações de um cérebro novo – treinado (bem treinado, o que de fato ocorreu naquele dia):

- A Francis está bem?

ATITUDES POR DECISÃO PRÉVIA   67

- Ok! Peça a ela o endereço e vamos até lá.

Vamos a pé porque é perto e sei que é um lugar difícil para estacionar. E no caminho, planejo melhor a abordagem. Pode-se esperar de tudo, mas resumindo, eu posso encontrar no "outro" apenas um cérebro primitivo agindo com emoção reativa e cérebro racional ainda imobilizado. Ou esse "outro" (ex-meliante ou quase meliante – filho de alguém, pai de alguém...), já com emoções mais controladas, cérebro racional começando a acordar para a realidade e a não necessidade de confronto.

No caminho observo meu amigo caminhando rápido, mas aparentemente bem. Uma ansiedade normal para um pai. Ao chegarmos fico alguns metros para trás, porque quero uma foto da placa de trânsito, pois mostrava que a moça estava correta. Tempo suficiente eu presenciar meu amigo chegar, esticar o braço e cumprimentar "o agressor" com um sorridente..., "Bom dia senhor, sou o pai da Francis"!

Os lábios do homem estavam brancos como cera e, assim, toda a face. Ele ainda estava transtornado com o acidente. Agora é minha vez: - "Bom-dia senhor, sou amigo dessa moça bonita...,"! E emendei na mesma frase: "..., compreendo o que está sentindo, parece que ela é culpada, afinal ela trancou seu carro. Mas, veja, apesar de ela estar na faixa da direita, faixa que ainda permite a conversão..., o senhor, estava na faixa da esquerda, que é obrigado a virar. E o senhor foi reto, daí a batida e a sensação que ela trancou sua passagem".

A reação dele: - "Mas..., mas...,"

Minha reação: - "Sim, você está certo em sua impressão, contudo, as placas confirmam que ela tem razão. Venha até aqui, por favor. E o chamei para um pouco longe de todos".

Meu objetivo era acalmá-lo, colocá-lo onde ele pode ver as placas e o erro dele. Ele mesmo precisava "ver". Venha – imperativo/comando – longe – fora do teatro. "Viu? (insisto) – compreendo sua sensação e respeito você por isso". Compreendo também ter brigado com a moça, mas agora deu não precisa mais"! - "Você tem seguro?" - Puxo imediatamente a atenção para o racional, conduzindo a um...: vamos avançar desse ponto chato e resolver logo o problema.

Aos poucos o cara vai se acalmando, diminuindo a necessidade da reação do primitivo – apesar que demorou muito para ele voltar à cor normal, parecia nem ter mais lábios – e, por fim, melhor dessa maneira, pois, não terminamos todos esmagados debaixo de um caminhão.

IMPORTANTE – Vou insistir na pergunta: "Quem você permite que mande em sua vida, **EMOÇÃO OU RAZÃO**"?

- Responda: os dois! Precisamos dos dois. De todo o cérebro.

Contudo, agora é você que passará a controlar as intensidades reativas e as necessidades. Anota aí!

- **TODO O CÉREBRO COOPERA PARA A SOBREVIVÊNCIA.**

Nas duas histórias, o jardineiro e o distraído, aparentemente, e pela minha "verdade", eu tinha razão. Mas, e quando você de fato não tem razão, no sentido de..., "estou mesmo errado, falhei, criei um problema"?

Como se defender para também não ser agredido?

Pergunto:

- Precisa se defender?
- De quê?
- De quem?
- Do outro ou de você mesmo?
- Da vida?
- Do medo?
- Da vergonha?
- Precisa justificar para quem?
- Vai perder o quê reconhecendo que falhou, enganou-se, errou?
- Tem medo de seu próprio medo, que o leva a tomar atitudes irracionais, dramáticas, melancólicas?
- Aqui, deve entrar o racional, a maturidade, para conduzir a melhor escolha. Racional. Não tenho razão, mas ainda tenho o controle "da razão", para saber melhor o que fazer.

Vamos a mais duas histórias. Uma onde eu errei primeiro, na ação, mas assumi o controle, e a última, que eu não errei, mas..., me atrapalhei todo na condução.

História III:

Subo com meu carro a rampa de estacionamento, saindo de um *shopping*, perto de casa. Ao chegar à rua toca meu celular e eu?
- Atendo!

- Essa tolice dá outra palestra sobre cérebros "sanos" e "insanos". Como acabara de entrar à rua, atendendo o telefone, posiciono meu carro distraidamente um pouco mais para o meio da pista. "Errei por uns doze avos de milésimo de um quarto de um bem pequenininho e singelo par de microssegundos" e..., BBBIIIIIIIIIIIiiiiiiiiiiiiiixxx34xshdol& *\/?!$#¨) %$#. Com tantos xingamentos, prontamente volto com o carro para a pista correta e tento entender o que aconteceu para tantos gritos.

De imediato, um "garotão sarado em um carro velho, sujo, meio arrebentado", emparelha ao lado do "meu carrão", abre a janela com manivela (minha vingança) e xinga ainda mais, ameaça, provoca. O emocional, na mais pura e perfeita execução. Lindo de ver (não o sujeito né, mas a obra-prima de nervos). Ficamos assim, seguindo lentamente, com os carros lado a lado até chegarmos juntos à esquina, "e o sinal estava fechado para nós, que somos jóóvenns" (essa só entenderá quem é da década de 1970). Abaixo o vidro do meu carro..., aí a emoção pega legal para ele. O enlouquecido está com a cabeça toda para fora da janela e uivando de raiva. Quando eu digo bem alto:

- "OK! DEU! - VOCÊ TEM TODA RAZÃO" - A face dele congela. É preciso ser súbito e forte assim, mas não com tom grosseiro, o que provocaria ainda mais agressão. É para confundir e não permitir outra reação automática. Então, reafirmo: - **Você tem razão, desculpe"** - já baixando o tom da voz para trazê-lo (sem que ele perceba) de volta ao planeta terra. E digo sem nenhum intervalo: - "É uma 'inhaca' mesmo, não é verdade"? - Peço concordância, trago ele para "participar da solução", afinal, deve haver alguma inteligência e vontade ali naquele jovem.

E sigo eu: - "Vivemos em um mundo cheio de coisas ruins, pessoas brigando, violência..., e nós temos agora duas saídas: - eu vou até aí e nós rolamos pelo chão (você já viu essa cena, né?) - ou..., você aceita minhas desculpas, pois **eu** estava distraído e **eu** errei (reforço o "eu", assumo e reconheço o erro), e vamos embora satisfeitos porque fizemos o que deveríamos fazer e não o que fazem outros idiotas" (deixo claro que quem decide qualquer outra atitude é um idiota). Sem deixar espaço para respirar - "Vamos embora e bem, ou vamos brigar que nem idiotas"?

1. Dei a ele apenas uma opção (melhor) para escolha, sem precisar pensar muito, para ele não desistir de..., pensar.
2. Coloquei, ele e eu, do mesmo lado no mundo contra todos os outros (todos os outros são idiotas e ele é "do meu grupo").
3. Assim restou a ele apenas uma opção, pois se escolhesse brigar, ele seria do time dos "idiotas".
4. E ainda afirmei (e conduzi) qual seria a escolha correta.

O cara mudou a fisionomia. Deu uma gargalhada, meio espantado com tanta novidade e disse assim:

- "Não é que você tem razão"? kkkk.

Desejamos bom dia um para o outro e fomos embora.

História IV:

E o que fazer quando (aparentemente) não há o que fazer?

Uma das minhas atividades físicas preferidas é caminhar. Uma hora diária (quando é possível) e não há nada mais gostoso do que fazer esse "passeio" com a minha esposa.

- "Vamos caminhar amanhã"? Disse a ela na noite anterior. Eu estava feliz e animado, pois o jantar que ela preparou com tanto carinho – e ela adora fazer isso – estava delicioso.

Acordei cedo, mas não saí como de costume, tive o cuidado de deixá-la dormir mais um pouco, era domingo. Fiquei mexendo em meus textos, um pouco de leitura, e finalmente ela acordou. Tomamos um café e, como combinado, saímos para caminhar. Um sol e um dia lindo nos esperava.

Passos um pouco acelerados e eu tomando cuidado para que ela ficasse sempre "do lado protegido da calçada", afastada da rua. Eu nunca havia pensado nisso, "mulheres devem caminhar pelo lado de dentro e o homem, ao lado delas, cuidando, vigiando, amando". Aprendi isso e praticava. É até engraçado atravessar a rua e prontamente "prestar atenção" em se posicionar "corretamente" ao lado da princesa, rainha..., vilã...

Minha esposa gosta de ouvir música e sempre usa fones de ouvido, fato que, decididamente, não me incomoda. Eu prefiro "sentir, olhar e ouvir o mundo".

Cruzamos uma praça, e ao final dela há uma curva da rua onde atravessar por ali é um tanto perigoso, isto é, não há visibilidade para ver se há carros se aproximando, o que decididamente é um risco. Por causa disso, eu me afastei dela, um pouco para a direita, para ver se vinha carro, e iria propor que atravessássemos ali onde estávamos, antes da curva, o que seria mais seguro. Assim que iniciei o movimento percebi que ela fez o mesmo e me seguiu, o que fez com que atravessássemos e eu nem precisei falar nada. Afinal, estávamos... caminhando juntos.

...

...

- Pra que!

Imediatamente ela disse com um ar bastante irritado – "Você está comigo, por que não avisa que vai atravessar? Por que acha que eu tenho que correr atrás de você? Por quê...?". Eu, sem ainda entender o que estava acontecendo, porque seria, digamos, surreal, respondi brincando que - "Sim! Mulheres sempre andam um pouco atrás dos homens"!

...

...

Pra quê!

O cérebro primitivo dela pulou na frente e assumiu o comando. Não havia mais o que conversar e argumentar. Preciso dizer que o meu primitivo também "mostrou as caras", ou você lendo até aqui acha que eu sou "perfeito". É muito importante contar isso para você. Também estou em processo com o meu aprendizado diário sobre a vida. E é parte desse "processo" que quero falar agora. Parar! Pensar! E colocar em prática os valores do Programa SUPERCONSCIÊNCIA (assim que o sangue voltar a circular pelo cérebro). Eu, minha esposa, você, todos nós.

<u>Acreditar</u>: eu amo a minha esposa e ela me ama... (e muito mais "coisas" para acreditar). <u>Compreender</u>: apesar de todo o meu cuidado, algo faltou, algum movimento "tocou" em uma ferida na história dela, o que a fez sentir muita dor e reagir (automático). O cérebro primitivo dela está apenas tentado "sobreviver". <u>Ressignificar</u>: se acredito e compreendo, devo sempre afirmar para mim mesmo que "está tudo

certo", ela não está me afrontando – não preciso reagir também. (E, por fim,) Fazer novas escolhas: "C-A-L-A-D-O!". Espere. Deixe passar. Vai passar. Sempre passa.

Ficar quieto, seguir caminhando (ao lado dela), não falar nada e aguardar o cérebro (córtex maior) dela voltar a funcionar... Você acha que é fácil? - Não consegui nos primeiros passos. Também reagi e disse algumas... "coisas". Minha frustração por todas as expectativas desde a noite anterior fez com que o "menino Jacyr" ficasse bem triste e revoltado, magoado, abandonado, ferido (também tenho as minhas). - "Puxa! A gente ia caminhar feliz. Era para ser um momento lindo". FRUSTRAÇÃO.

É nesta hora que é preciso "acordar e levantar o comandante", o lobo frontal, chefe dos pensamentos do córtex e, como consequência, "dono" das porções cerebrais inferiores, que estão ali, agora, atuando "a todo vapor", carregados com sentimentos como raiva, tristeza, mágoa... e as defesas neurais ainda mais primitivas, como um coração mais acelerado, a respiração, o suor, o rubor, o... PARA TUDO, diz o comandante. Este não é o caminho.

Consegui. Seguimos calados os dois.

Você acha que tudo acabou bem?

- Passou, acalmamos, aproveitamos o passeio e o maravilhoso dia?

- Não. Não consegui não. Cometi um erro.

Após algum tempo (e como nós dois estamos trabalhando o Programa SUPERCONSCIÊNCIA) – equivocadamente – achei que poderia trazer aquela questão e aproveitar apara ambos aprendermos ainda mais com a experiência ruim. E eu disse:

- "Lembra, meu amor, da "intencionalidade"? Um dos grandes capítulos do livro VERDADE, REALIDADE E INSANIDADE? Quero contar para você a minha intenção. Uma coisa é eu "nem pensar em você" e sair caminhando deixando você para trás e me seguindo, como se você nem estivesse comigo, como se você não fosse nada, como se você tivesse menos importância. Outra é eu "intencionalmente" cuidar do nosso caminho e da sua seguran... (ça) glub!

Não consegui terminar a frase.

- "ENTÃO VÁ SOZINHO. VOU VOLTAR PARA CASA".

E não é que deu a volta e foi embora? Ela ainda sentia dor.

Eu não havia avaliado bem e a dor dela era bem maior do que imaginei, assim como negligenciei o tempo de recuperação (da razão).

Aprenda (e eu também, e ela também). Um cérebro primitivo machucado, com medo e desordem, não consegue pensar bem, pensar mais, pensar melhor, pensar antes. É preciso muito treino e confiança (para um comandante). A vida toda trará desafios e as brigas de casal, na imensa maioria das vezes, será por "quase nada". Interpretações e imagens preconcebidas, lacunas que precisam ser preenchidas, feridas reconhecidas, tratadas e curadas.

Conto esta história para você, e me exponho, para que compreenda que "estamos na mesma viagem". Eu, você, minha esposa, as pessoas que você ama em sua família de origem, as que conheceu fora dela..., aquele jardineiro em minha história, o motorista nervosinho, o..., a..., todos que cruzam a nossa vida trazem "lições". São oportunidades de treinamento. Grandes oportunidades. Aproveite todas elas.

Segui meu passeio sozinho. Triste, mas ainda confiante. Procurei pensar em ouras coisas, projetos, sonhos... Chegue depois em casa, fui até onde ela estava e não disse nada. A beijei no rosto – apenas um beijo bem leve, sem invadir, sem cobrar nada, questionar – como se apenas para mostrar "eu amo você e estarei sempre aqui", deixando a vida e os nossos neurônios seguirem o próprio curso de aprendizado, criando novas estradas mentais, apagado e curando feridas. É preciso tempo para pensar. Errei na pressa em querer "curar algo" que precisa de... tempo.

Dois dias depois...

Encontro um texto no Jornal Diário da Indústria e Comércio do Paraná, publicado por minha esposa, ela é jornalista e colunista, profissional extremamente competente, além de excelente esposa e mãe.

O título era: "Minha filha me odeia às vezes e, tudo bem". Um texto conta sobre uma experiência dela com a filha, atrasadas para a escola, e a filha, contrariada e FRUSTRADA, diz para ela que "iria embora e que ela não era uma boa mãe". Forte isso, verdade?

- Contextualize: a filha, com 4 anos de idade.

Isso com certeza cortou o coração (de ambas). Mesmo assim, a mãe decidiu validar o sentimento da filha: "Filha! Eu sei que você está sentindo raiva da mãe porque gostaria de ficar em casa e brincar". Show! Isso mesmo. Validar o que o outro sente.

Aqui entra o que a própria mãe compreenderia pouco depois. Em vez de "deixar rolar" e seguir o dia, quando as coisas se acertam naturalmente, para, então, depois conversar, saiu-se com algo que apenas o "nosso" medo infantil faz acontecer: "...diga-me filha, do fundo do seu coração, acha mesmo que não sou boa mãe"?

CULPA! E choro para ambas.

A mãe reconheceu que estava certa em validar a emoção de ira da filha (ou de qualquer outro num momento emocional). Uma "raiva reativa"! Porém, como ela mesma se deu conta depois, <u>precisava ter dado tempo para a segunda fala</u> – o mesmo erro que eu cometi com esta maravilhosa mãe naquele passeio, querendo "discursar" sobre a minha intencionalidade etc. Na verdade, eu queria "resolver" o meu problema e me sentir melhor. Meu lado ainda imaturo. Ela com a filha também. Achamos que vai resolver as coisas e piora. A filha, submissa (?), minha esposa... nunca "se rebaixaria a um homem que anda na frente dela". Ela possui uma carga de vida e história que nunca permitiria isso.

Reprimir sentimentos, engolir raiva..., nada a ver tentar impedir, caso a emoção precise ainda de um caminho para "sair". Deixa sair. É importante reconhecer e permitir a emoção e "<u>depois</u> trabalhar sobre ela". Esse é o processo de cura. Claro que não se autoriza descontrole, assim como não se deve perder a oportunidade de "trabalhar esse processo".

É preciso aprender e ensinar isso para a filha. Insisto, não me refiro aqui a não conter "ataques". Mas..., compreender, deixar quieto, dentro do possível, e seguir para um pensar (e conversar) "bem depois".

Muitas vezes, entre pessoas que se amam e já compreendem, nem é preciso conversar mais nada. Talvez, rir um do outro (muito depois).

Negar o sentimento de uma criança é a violência de um adulto poderoso. Negar o sentimento de um adulto é também brutal, porque naquela hora o adulto "está" criança. Claro que são níveis e réguas diferentes, mas, na essência neural, não. Estamos todos imaturos.

Minha esposa, por medo, desejou e procurou acelerar "a cura" na relação com a filha. Eu fiz o mesmo na situação criada com a minha esposa, naquele bendito atravessar de rua, que para ela "se tornou o fim do mundo". E para nós dois o fim de um lindo passeio. Coisa "louca né?".

Não damos o direito ao outro de sentir a dor da ferida só porque ficamos com medo da perda do amor. E... todo esse processo se dá em um nível inconsciente - "Pai! Perdoa. Eles não sabem o que fazem". Não há nada mais verdadeiro do que esta frase.

Solução?

- Aprender. Saber o que fazer.

Em toda briga, em qualquer relação, existem dois seres humanos feridos, sofrendo, e naquele momento, pela dor e agonia, não conseguem raciocinar (melhor). Não importa a idade, cultura, classe social, pouco importa contra quem confrontamos. Somos seres muito frágeis. Porém, extremamente fortes se aprendermos a usar e construir melhor nossos caminhos neurais. "Dar (bastante) tempo para sentir e pensar".

Nossa vida nos testa todos os dias.

EU DEVERIA TER ESPERADO MAIS.

Ela também.

E você? Como reage? E como irá "atuar" a partir de agora?

Estamos no mesmo teatro.

Eu, minha esposa, você, os seus..., somos o *show*! Grandes personagens do universo. É preciso acender as luzes e abrir todas as cortinas".

O sonho de Deus é "olhar, gostar e aplaudir".

É possível ser feliz (se sempre deixar para "depois"). CONFIE!

Capítulo **XIII**

Um Pouco Mais de Ação Neural

Vamos olhar com maior atenção aqui para duas partes importantes do cérebro. O lado antigo, primitivo, construído pouco a pouco há, digamos, bastante tempo, e o novo, formado mais recente em nossa evolução.

A todo instante e em qualquer situação, o CÉREBRO PRIMITIVO está constantemente fazendo a seguinte pergunta:

- ISTO É SEGURO? - ISTO É SEGURO? - ISTO É SEGURO?

Como um radar, rastreia inconscientemente o ambiente e o que há nele, mas, sem ser capaz de "dar nome aos bois", <u>age antes do racional</u>.

O CÉREBRO NOVO, pensador, é capaz de perceber, reconhecer e avaliar o mundo exterior. Identifica indivíduos e coisas específicas. "Dá nome aos bois", objetos, pessoas e..., intenções, <u>depois que o primitivo já vasculhou o ambiente</u>.

Os dois cérebros caminham juntos, embora o primitivo sempre antes (bem pouco, quase nada), o outro depois. O primeiro protege, automaticamente, e o superior identifica, avalia, julga..., na sequência imediata.

Como um radar o primitivo detecta "imagens, sons...": Há algo como uma cadeira, aqui? E um vulto sentado? Tudo é primitivamente detectado.

O cérebro antigo, sempre para nossa proteção, pesquisa em categorias pré-formadas – se é bom ou ruim, perigoso ou não – e verifica se está tudo certo ou não no ambiente. É seguro? O racional quase que ao mesmo tempo, pouco depois, reconhece Pedro; meu amigo; sentado; me esperando... Que cadeira linda! Como você está bem! Há quanto tempo? Tudo bem com você? Saudades do amigo! Como vai a esposa?...

Sensações ainda prévias ao pensamento racional posterior:

- Fiquei feliz (emoção) por reconhecer meu amigo (boas emoções de experiências antigas, temos muitas histórias...), mas..., algo ali não estava bem. Perigo (medo – emoção). Alguma coisa não está certa (isto é seguro? Isto é seguro?).

Ainda não consegui "raciocinar" direito, porém, "sinto o perigo" (proteção). A face do meu amigo não me parece bem, algo em seu olhar, lábios, cor da pele, há uma tensão no ar (em mim e nele). Tudo detectado por cérebros primitivos que se comunicam e pouco a pouco interpretações são levadas para a razão. As sensações surgem pouco antes de descobrirmos por quê.

As notícias que ele me trazia não era boas. E você até diz a ele:
- "Senti isso em você, meu amigo".

É verdade. A gente sente antes de "saber", mesmo que ainda precise de mais tempo para analisar e compreender. Valorize o que "sente".

Você entra em qualquer ambiente, sente alguém, o ar, a energia – chame do que quiser – detecta que algo não está bem. Perigo! É o seu radar em pleno funcionamento automático. A natureza é *show*.

A face de Pedro aumentou as suspeitas. Medo! "O que aconteceu"? - E o seu racional confirma, com a posterior explicação de Pedro, sobre... um acidente na família. Ele precisa muito do amigo – mais uma emoção primitiva e protetora. Precisamos uns dos outros.

A todo momento somos protegidos por nosso cérebro. No entanto, tais sensações servem também para o bem, além do mau. Você "sente" a <u>sinceridade</u> no coração de quem ama. E você "sente" a <u>falsidade</u> do sorridente canalha, que estende a mão para cumprimentar. Você sente..., sem precisar "saber". Acredite no que sente.

O mesmo se aplica no detectar primitivamente táticas de um vendedor e avaliar racionalmente se bem ou mal-intencionado, sentir primitivamente a feição de um filho e valorizar racionalmente se esconde o medo de contar "estar sofrendo *bullying* na escola". Ou experimentou drogas.

Em todo lugar encontramos pessoas dissimuladas que tentam nos enganar e muitas amadas que nos querem bem. Todas, de um modo ou de outro, merecem nosso cuidado e atenção.

Abra seu coração para o universo. Falando de outro modo, sempre valorize o que sente, mas cuidado. Importante! Às vezes, estamos errados nas sensações, e precisamos respirar e pensar melhor. Contudo, nunca devemos negligenciá-las, afinal, são milhões de anos de aprendizado neural, tudo para a nossa sobrevivência.

Exatamente agora você está lendo concentrado, sentindo, raciocinando sobre texto, procurando compreender tudo isso como uma maravilha..., ou uma..., porcaria. Bem, ainda está lendo... Você pode vivenciar as emoções primitivas e as novas perspectivas atuando. Vamos lá!

"Pense" (sentiu) que esse texto está ameaçando você, seu conforto mental, sua verdade, sua realidade. Mas, também "pense" (sentiu) e confirme que ele é bom e ainda pode ser muito útil para sua vida.

Oh! Dúvida cruel!

Então, vamos ampliar para três cérebros que conversam entre si porque precisam de uma decisão mais, digamos, centrada:

- Use sua intuição (base do cérebro/primitivo); o raciocínio (meio do cérebro/mais avançado); e a direção (lobo frontal, bem atrás da testa, atualíssimo – apenas uns 200 mil anos – só nós temos na natureza).

Siga lendo – você merece.

Pronto! Já sente taquicardia, sudorese e as mãos trêmulas (núcleos da base – primitivo), ficou nervoso (emoção – límbico) só porque lhe conduzi a pensar e decidir (córtex cerebral – novo) de modo direcionado e responsável (lobo frontal – novo, atualíssimo). Tudo depois de sentir e pensar bastante com toda a sua cabeça.

Fique tranquilo. É apenas uma brincadeira didática!

Voltando ao momento da leitura racional/emocional. Exatamente agora, ainda lendo, concentrado, você começa a sentir um cheirinho, um pouquinho de fumaça, bem onde você está. Cheiro entra pelo..., nariz!

Nariz, o receptor – radar – considerado o mais primitivo de nosso corpo. E se você olhar agora em um espelho, o nariz está logo acima da boca, para permitir ou não o que entrará de alimentos por ali. Caso sente cheiro de podre, joga fora. Uma ordem subliminar (abaixo do limiar consciente), uma proteção que nem se precisa pensar (bem).

A partir dessa posição na mucosa nasal, seus nervos sensitivos caminham direto para a base do cérebro que está bem perto, levando informações captadas no ambiente, para dentro do sistema nervoso. Você escolhe permanecer no local ou não. Cheirou o ambiente, literalmente.

Essas percepções servem para que: sinta atração por alguém do sexo oposto, encontre comida, ou fuja, ou lute... etc. E você tem que ser rápido, da mesma maneira como retiramos a mão de uma chapa quente, lembra-se? - Não se pode pensar muito.

Retomando a fumaça...:

- Pouca coisa basta para estimular nossas "antenas" que estão sempre ligadas e alertas (em menor intensidade, porém, algumas delas, mesmo enquanto dormimos).

Se "aumentar" o cheiro da fumaça mesmo sem ainda vê-la, inicia-se imediatamente um processo que diminui oxigênio do córtex cerebral. Acaba a atenção nesse texto. Para levar muito mais oxigênio aos músculos com finalidade de queimar glicose, ganhar energia imediata e FUGIR!

- Correr sem olhar para trás.

- Sem pensar, sem saber, sem compreender, sem esperar!

- Por isso, nessas horas de perigo, são necessárias as placas de **"EXIT"..., "SALIDA"..., "SAÍDA"...,** rotas de fuga foram previamente desenhadas no chão, nas paredes, com iluminação estratégica, tudo "pensado antes", para você não precisar pensar na hora de fugir, aliás, sabemos que não vai conseguir, pensar.

Emoções são atenuantes em crimes... etc. etc. etc.

"Mulheres e crianças, primeiro!" Alguém mais cerebral grita, entretanto, ninguém ouve. E isso só é bem entendido agora, fora do perigo, porque na hora, destreinados, será um "salve-se quem puder"!

É o cérebro protetor, medroso, apavorado, fugindo ou atacando, para SOBREVIVER. Ele apenas cumpre o papel para o qual foi destinado.

Se você pressente algo "na **CATEGORIA** de" perigo, reaja rápido. Essa proteção, permanente e subliminar, é uma função maravilhosa do cérebro primitivo.

Mais adiante você entenderá por que essas "falas" todas sobre cérebros são tão importantes para nossos relacionamentos (e no tema do livro, para os casais). Tenha paciência. Pense que, de repente, em qualquer canto deste mundo..., num barzinho..., numa balada..., numa biblioteca, igreja, na rua ou até mesmo na casa de um amigo, você poderá pressentir algo (pressentir)..., na categoria de..., "essa pessoa é para a minha vida".

"*Kumé-que-é?*".

Reaja rápido, eh, eh!

Voltemos mais uma vez para a fumaça. O cérebro novo, treinado; seja de um bombeiro ou de categorias afins, dá direcionamento nas horas de pânico. O cérebro novo, de uma pessoa comum, também treinado e auxiliado pelo comandante do lobo frontal, não briga, não bate e não foge sem motivo. Bem, isso também é para estudarmos depois.

Agora você já pode começar a conhecer os mecanismos, compreender as dificuldades de algumas pessoas (inclusive minhas – eu também estou vivo e aprendendo) e procurar ajudá-las a serem pessoas mais treinadas, e não apenas **JULGÁ-LAS**. Aliás, julgar imediatamente o outro também é coisa de cérebro primitivo. Imaturidade tola. Não necessária. Nada produtiva.

Lembre-se:

- Até Jesus pediu para não julgarmos.

Por quê?

- Ok, esta resposta também será para outro livro (não é *marketing* infame, apenas ela não cabe aqui mesmo). No entanto, vá se dando conta de qual tipo de humano devemos ser. Racionais ou irracionais?

Em tempo:

- É impossível não julgar, isso é automático. O erro é condenar, decidir sem "pensar" sempre um pouco mais, pensar bem, melhor, antes de... É sinal de uma maturidade maior pensar racional (cérebro novo) e amorosamente (cérebro antigo), no que fazer com o que vemos, ouvimos, sentimos, em nós, nos outros e no mundo.

Imagine agora, de novo:

- Alguma coisa voa rapidamente em direção a seu rosto. Você se abaixa mais rápido ainda e consegue tirar a cabeça do caminho daquele **OVNI**. Quando você consegue respirar (tempo) e entender o que aconteceu, "alguns poucos microssegundos depois" percebe o liquidificador que a esposa atirou em sua direção.

Você só avalia isso depois que, ele, o "objeto antes não identificado" se espatifou contra a parede, caiu, coitado, inerte, ao chão, do outro lado, e você permanece ileso, graças a seu primitivo estado de..., "sempre alerta", protetor.

Se você esperasse seu cérebro novo identificar o que era aquele "algo", velocidade, direção e por fim então decidir o que faria, "aquele **OVNI**", eh..., eh..., se espatifaria na sua cara. Seu cérebro primitivo defendeu você. Viu como ele serve para muitas coisas boas, deixe-o em paz, porém, sempre no controle, para que você seja feliz. Só que, para isso, ele precisa de treino e comando.

Outro exemplo:

- Você vê uma sombra no chão e pula com a mesma rapidez de quando puxou a mão para não se queimar. Rápido como foguete, diziam os antigos, afinal, poderia ser uma cobra, contudo, você só se dá conta que era um galho seco e escuro "alguns poucos microssegundos depois".

É por isso que aos poucos vamos entendendo porque o cérebro primitivo cria CATEGORIAS. Assim reage muito mais rápido, antes de ter que pensar sobre o que é o perigo. O cérebro novo identifica e classifica pessoas e coisas para que registradas na memória, facilite e organize sua vida. Pedro, cadeira...

São categorias criadas pelo cérebro primitivo, para situações fundamentais:

Com a figura de uma mãe, sinto-me protegido/cuidado.

Com um filho, uma criança, sou instado a proteger/cuidar.

Por "alguém", sinto-me atraído por sexo/reproduzir.

Essa é melhor obedecer/hierarquia, ordem.

Esse é alguém ou o que (de quem ou do quê), devo fugir.

Esse é alguém ou algo que eu preciso atacar, lutar.

Emoção e reação vêm segundos antes de você saber que é sua tia querida (quem cuida de você). Primeiro a emoção seguida da reação e somente depois o saber (pesar, entender...). Contenção e cuidado.

Emoção e reação vêm, segundos antes, de você saber que é sua avó (alguém que você deve cuidar). Colaboração interpessoal.

Emoção e reação vêm segundos antes de você saber quem é seu par (com quem você terá sexo – e filhos). Reprodução da espécie.

Emoção e reação vêm segundos antes de você saber que é seu chefe (a quem você deve obediência e respeito). Hierarquia.

Emoção e reação vêm segundos antes de você saber que é sua sogra (de quem você vai fugir). Proteção. Brincadeirinha..., as sogras..., são maravilhosas, lembra? Não? Ok, por hora.

Emoção e reação vêm segundos antes de você saber que é um assaltante (a quem você vai atacar). Proteção. Essa sua reação pode destruir você. Caso o treino "dele" sobre o primitivo "dele" seja mais forte que o seu. E geralmente é. Bandido sofre e treina sofrer, muitas vezes, desde criança. Um caráter formado para o mal também é uma defesa.

E..., se tia Ambrósia entra na sala onde você está e a sensação for desagradável? - Ansiedade, medo. Crença que algo não está bem. Coitada da Ambrósia (não basta o nome?), cuidou tão bem de você, ainda criança, quando sua mãe disse:

- "Tchau filhinha/o. Vou para o hospital buscar seu irmãozinho!"

Ai meu Deus. Primeiro grande medo.

- "Quem é esse tal 'irmãozinho'"?

A mãe vai se afastando de carro. Sensação de abandono. O medo aumenta (emoção). Não há ainda um racional formado, capaz de compreender, apenas existe o "Eu quero a minha mãeee!" (eu preciso muito da minha mãe). Você fez cara de choro..., e foi com a tia para a casa dela. Ambrósia foi sempre tão legal, tentou brincar com você, mas, você não sabe por que, algo não estava bem. Ela, tão cuidadosa que é, colocou você na própria cama e dormiu no chão, a seu lado, para atender prontamente se você precisasse. Não dá outra. Três horas da madrugada, você acorda aos prantos em desespero, ausência da mamãe, falta do lugar de segurança, está em um ambiente não conhecido... Medo.

- Quem aparece ali imediatamente para atender você?
- Tia Ambrósia!
- Pronto. A coitada ficou marcada em você na "categoria" de "algo muito ruim", em seu cerebrozinho primitivo, cheinho de medo, um medo irracional. Tia Ambrósia = algo aqui não está bem = perigo.

O cérebro antigo não compreende, nem pode compreender, não é capaz de... Isso é função do cérebro novo.

1. Um tempo linear – claro, o cérebro antigo é atemporal. Isto é, aqui não existe tempo, não há noção do tempo. A tia Ambrósia foi é e sempre será um gatilho para a sensação de agonia – se nada for feito. E é possível fazer, corrigir, melhorar, com ajuda, cognição e respeito. Respeito a um passado, às pessoas que viveram nele com ou sem você e a si mesmo. Mesmo que esse passado ou as pessoas não existam mais.

2. Individualização e avaliação – claro, o primitivo não consegue identificar, apenas "vê" CATEGORIAS que ele mesmo classifica: Bom ou ruim, perigoso ou não. Tia Ambrósia = ruim, perigo! - Ele não avalia a tia, apenas sente o medo relacionado a ela. Claro que isso pode ser ressignificado, com força, vontade, dedicação, tempo e, de preferência, com ajuda, até mesmo com terapia.

Seguimos assim na vida:
- Bom ou ruim, perigoso ou não!
- Bom ou ruim, perigoso ou não!
- Bom ou ruim, perigoso ou não!

Um radar ligado para nos proteger dos perigos, mas também para buscar, reconhecer e encontrar o que necessitamos como alimentos, abrigo e reprodução – comida, segurança, reprodução... –, para a perpetuação da espécie. Por que não, "encontrar o amor da sua vida"?

RESULTADO

- Em algumas situações, uma sensação de abandono e morte.
Outros dois exemplos:

1. Que sensação sente a poderosa presidente de uma grande empresa quando telefona de casa (segurança) para o marido (com-

panheiro de amor) que está fora (insegurança), a secretária atende e diz que ele saiu com uns amigos para um café (grupo – tribo – segurança)?

Pode surgir a mesma emoção desagradável, aquela de quando, no passado, a mãe deixou-a sozinha, ainda muito criança, em uma tarde com a nova babá. Lá, percebendo a ausência da mãe, viveu o desconhecido, sentiu medo, abandono, sensação de perda e morte.

Agora, muitos anos depois, ela novamente e por segundos sente-se sozinha (vazio) e o gatilho emocional negativo faz o resto. Medo, abandono, sensação de perda e morte.

O que acontecerá quando o "bacana" chegar à noite em casa?

- Encontrará a mesma mulher forte, poderosa, mas agora fragilizada por uma sensação de insegurança, uma ferida do passado que não sabe reconhecer, explicar, sequer avaliar ou compreender. Reage. Forte. Ela não enxerga a ferida, mas a sensação que a "ausência" do marido a causou. "Ele é culpado. Pronto! Tenho certeza disso". Muita dor.

Claro, o primitivo não compreende, apenas reage. Inicia logo uma conversa tensa ou já uma briga entre uma mulher agora angustiada e um homem atônito, confuso. Apenas por uma dor ainda gravada na memória e ela não treinada para sarar, corrigir, curar. Sem saber o que curar. "Eu? Ferida? Onde"? Ele nem faz ideia que "encostou em uma ferida".

Acredite! - Há muita dor, marcas, traumas que machucam a todos nós quando são "acordados" (por nós mesmos ou por terceiros) e trazem novamente à tona a mesma sensação terrível que existiu de fato, lá atrás, e, por isso mesmo, um sentimento atemporal sendo revivido no presente.

Se olharmos para isso, e aceitarmos o mecanismo mental, será mais fácil compreender o outro, aquietar-se, perdoar.

Sabendo um pouco mais agora sobre esses processos inconscientes, e treinando por algum tempo, ajudará reconhecer quando esses fatores agirem, por baixo dos panos, em nossa mente. Então com muito amor, poderemos controlar melhor as tantas situações de nossas vidas ajudando uns aos outros, também neste difícil mas não impossível controle. Assumir o comando.

O que será que machucou minha esposa quando atravessamos aquela rua, após passarmos pela praça, e eu, por qualquer motivo que fosse, não a avisei (achei que ela estava naturalmente comigo). Não sou terapeuta dela, tampouco ela o meu, e não pretendo descobrir as causas. Isso é com ela. Pessoas maduras olham para suas próprias feridas e sabem que não cabe a elas "corrigir" as feridas dos outros. Apesar que tudo fica muito mais fácil quando "todos" passam a "lamber" as próprias feridas, para a cura. Cessam as brigas por dores que existem apenas nas memórias. Tristes memórias que precisam de cuidado e "acerto".

Uma história linda de amor é não julgar ou interferir diretamente no problema, mas, de certo modo, importa ajudar a pessoa que você ama a reconhecer e a sair dessas armadilhas do passado. E a história de amor se completa quando o outro permite essa ajuda. E você também. Quando o casal passa a acreditar que de fato existe muito que pode ser feito para sair (os dois) da prisão de nossas "certezas" (vai pensando aí..., mais adiante neste livro, chegaremos mais e mais, perto de sua felicidade).

2. Qual a sensação que sente o poderoso dirigente de uma gigante corporação, que chega mais cedo em casa para logo comemorar com a amada esposa um novo e importante contrato conquistado depois de tanta luta, e lê um bilhete deixado em cima da mesa, escrito assim:

- "Vire-se amor! Hoje chegarei mais tarde!".

Sem notar, ele faz uma cara de tristeza e quase choro, abre a geladeira e devora um pote gigante de iogurte de morango, apesar de que ele procurava ansiosamente pelo de baunilha, "algo" bem mais próximo do peito da mamãe, que consegue inconscientemente imaginar.

Então, ele segue imediatamente para o maravilhoso escritório dele na casa, ainda tenso, com a boca lambuzada de morango, e um estranho peso no peito, sem saber dizer por quê. "Não estou bem!".

Abre o *notebook*, afrouxa a gravata, pois acha que o nó é o que está incomodando, até lembra de marcar uma consulta com o cardiologista, mas, segue o baile, afinal ainda há muito trabalho para a próxima e importante reunião no dia seguinte.

Sensações que algo não está bem.

Categoria: perigo!

- Todavia, não "sabe" por que – não tem consciência, razão, cérebro novo. Apenas "sensações" – de um cérebro antigo, tentando protegê-lo. Do que, exatamente? Onde está a agressão?

- O que acontecerá quando a "bacana" amada, linda, maravilhosa esposa chegar mais tarde em casa?

- Encontrará o mesmo marido forte, poderoso, porém, com uma terrível sensação de insegurança que ele não sabe reconhecer, ou explicar, sequer avaliar ou compreender.

Claro, o primitivo não compreende, apenas reage.

E inicia-se logo uma conversa tensa ou já uma briga entre o homem, agora fragilizado menino, e a mulher atônita, confusa.

Apenas por uma dor ainda gravada na memória e ele, não treinado, para reconhecer, agir melhor, corrigir. Sem saber que há algo para corrigir.

Acredite! Há muita dor! Novamente. Será mais fácil compreender antes, um ao outro, esses fatos, as dores..., para depois perdoar.

Esses exemplos estão aqui para demonstrar que todos nós, apesar de crescidos adultos, trazemos sempre à mente nossas histórias, feridas ainda não bem trabalhadas e, a partir delas, criamos muitos problemas. Alguns, até graves e, repito, não conseguimos entender. Precisamos fazer alguma coisa. É urgente olhar e trabalhar as nossas verdades, se quisermos "ser feliz com alguém". Com qualquer alguém.

É por isso que nos divorciamos, mudamos o endereço..., e quase nada muda em nossa vida – "levamos a gente junto" –. Ih! Olha só. O problema não era o outro!

Atentos a isso, pouparemos muita dor.

E é um fato. Nunca queremos machucar quem amamos e a ninguém. Contudo, a prisão em nossas VERDADES são histórias que machucam e ainda promovem – constroem – muitas outras histórias de novas verdades que serão levadas *ad eternum*, caso não tomemos agora a iniciativa de compreendê-las e tranquilizar nosso cérebro primitivo, função, agora, que será passada para nosso cérebro novo. O comandante chefe, responsável por nossos destinos.

Então, lembre-se:

- Percebeu a imaturidade do outro agindo (por alguma dor antiga), afaste-se com cuidado, relaxe, permita passar, o tempo aliviar. Depois aja. Vamos localizar essa dor, compreendê-la, aceitá-la, amá-la. Reforce com um gigante "eu te amo". Mas, NUNCA JOGUE NA CARA DO OUTRO – "Viu como você é criança"? "Já está aí de novo com essa cara de caverna". "Depois acha que é importante"!...E outras infinitas frases usadas por "crianças feridas" nesses tristes momentos (desnecessários momentos). Note! É a sua dor reagindo na dor dele(a). Não precisamos mais disso, verdade?

Este livro está aqui para ajudar.

Terapeutas de casal também, estão todos por aí.

Peça ajuda.

Não desista do amor que o seu cérebro tão bem "adotou".

Capítulo **XIV**

ENTRE OUTRAS TANTAS ENCRENCAS NOSSAS

Antes de seguir, vamos olhar mais de perto para duas "estruturas" mentais, responsáveis por muita, muita, muita confusão.

CIÚME – um eterno vilão.

Quanto mais imaturo, quanto mais medo, pior ele será. A imaginação é uma terrível ferramenta quando deixada à solta. Apenas uma fala, uma imagem, um pequeno pensamento inicial e..., "acreditamos sempre naquilo que queremos acreditar". Um sofrimento enorme somente pelo enredo que a insegurança e o medo criaram.

Acredita-se sempre "no que quer acreditar". Esse tema dá um livro inteiro de discussões e resolver esse pensamento equivocado trataria a maioria dos dilemas humanos. Precisamos vigiar ideias e intenções. Mas, vamos permanecer em nosso assunto – pense muito nisso depois.

Vou descrever uma situação hipotética para demonstrar um mecanismo comum que afeta negativamente a todos nós, caso não "pensado".

- Enquanto escrevia esse texto "de araque" (observe o quanto eu me revolto e esbravejo por escrever este texto, pois ele me impede de me defender – sim, autor infantil), lembrei que a minha mulher disse que iria sair para "fazer as unhas". Ela está demorando muito (ops! Ligou o alerta). Acho..., que ela encontrou aquele cara que eu vi ontem olhando para ela (pânico).

Pronto. Já não consigo mais "pensar" (racional) no texto que escrevo aqui (predomina agora meu cérebro primitivo, reptiliano).

"Vou até lá" (penso sem nenhuma "razão controlada"). "Se eu pegar os dois juntos, eu mato!" - Primitivo (destroncou a razão). Um mecanismo de proteção tolo trazendo desproteção real – ilusão.

Nosso cérebro quer e pode, de fato, nos proteger. Ocorre que ele é ingênuo, coitado. De burro, não tem nada, porém, ele se confunde e muito porque necessita de ordem e tranquilidade para pensar. Sem a razão, só criamos confusão.

Portanto, com este livro, vamos pôr "ordem na casa" mental.

TRAIÇÃO – um eterno risco. Viver em estado de fragilidade é a pior armadilha quando não tratada e encerrada. Uma sensação persistente da perda de um sonho e abandono afetivo durante um relacionamento. Um afastamento, intencional ou não, do outro, do carinho, do cuidado. Pouca importância dada àquele que se diz amar. Enfim, uma relação ruim!

Quando não estamos bem, acreditamos, desejamos e por fim buscamos uma "porta de saída", a princípio inconsciente, depois de tanto afastamento e perdas na relação, chega o momento da busca consciente de outro relacionamento..., talvez mais "adequado", talvez carência pela dificuldade de "se cumprir o contrato de amor, antes sonhado e assumido". Às vezes, apenas por vingança – agora consciente – por maus-tratos reais ou mesmo apenas devido ao permanente medo inconsciente – contra essa situação (qualquer) ruim na relação de amor, na qual não se consegue encontrar (e não existem) fórmulas mágicas, para resolver.

Outra situação comum é a própria desconfiança no coração:

- "Ah! - Ela (ele) deve estar me traindo, então vou trair!". Muitas vezes, esse pensamento (geralmente ilusório..., e por diversas narrativas mentais) é apenas também fruto do medo. De novo, somente "um sofrimento enorme pelo enredo que a insegurança e o medo criaram".

- Sim! Verdade. Em outras tantas ocasiões, a traição acontecerá apenas pelo mau caráter. Aqui quero refletir não no sentido usual e superficial de taxar alguém de "mau caráter" (podem ser pessoas boas), mas um caráter (mal)formado por um modo cultural ou interpretativo ruim. Algo como um conceito familiar (ou até de um povo) no qual trair (estar com outro) é normal, é até bom, prova de força (prova falsa, força vazia) e ser capaz de demonstrar e sentir "quem manda aqui nessa relação".

Enfim, para pensar, duas realidades de uma mesma verdade.

Leia devagar, bem devagar..., e com muito amor e cuidado.

1. Escolhi e permaneci aqui, nesta relação de amor, por tantas coisas boas, <u>não trairei</u> apenas <u>por pequenas falhas</u>, dela/dele, que me incomodam no dia a dia. Vamos continuar crescendo e corrigindo tudo o que for possível. Juntos. Nossos sonhos, nossa família, nosso futuro são realidades muito mais importantes do que "colocar tudo a perder", por imaturidade. Acreditar, compreender, dar novos significados e fazer novas escolhas. São os valores do Programa SUPERCONSCIÊNCIA/FAMÍLIA DO FUTURO postos em prática, funciona!
2. Escolhi e permaneci aqui por tantas coisas boas, <u>não trairei</u> nossa vida, nossa esperança, nossos filhos..., <u>apenas por que ele/ela me traiu</u>. E o fez por grandes falhas nossas sempre. NOSSAS SEMPRE!

Existem diversos filmes, livros, histórias muito lindas de amor verdadeiro que mostram, dentro da imensa complexidade e tribulações da vida, casos de real traição, em que no final o amor foi maior, e a compreensão e o perdão conseguiram superar.

Fácil?

- Nunca!

E a história do perdão?

E a história de sermos tolerantes com as nossas fraquezas?

O que somos capazes de aceitar?

Fraqueza fica fora da lista dos itens "compreensíveis e perdoáveis"?

Dr. Jacyr! Isso que ele/ela fez é muito grave!

- Sim! Não! (?).

- É complicado aceitar e compreender a traição, porque essas histórias machucam demais e não é fácil para ninguém. Elas tocam direto a base de nosso cérebro, nossas conquistas biológicas e emocionais de vida e esperança, o amor e perpetuação da espécie, hoje culturalmente na formação da família e, do mesmo modo, a sensação horrível de ser preterido, trocado por outro(a), o que traz para dentro da nossa história, um dia "combinada", o risco funcional do abandono e medo da morte.

A dor é muito forte.

No entanto, pode sim ser superada.

Se a minha esposa me trair hoje, vamos nos sentar e conversar para descobrir o que não detectamos antes e, portanto, não corrigimos. É preciso descobrir onde foi guardado (escondido) aquele amor tão falado e reconhecido pelos dois, desde o início da relação.

Pare agora! Não estou brincando com seus sentimentos e verdades. Uma traição dói demais, já disse, mas o não fazer nada e destruir uma família, os filhos, o futuro doerá muito mais e por décadas, se não, para sempre. É preciso "resolver" esse acidente de percurso como adultos.

E diz o casal, um olhando forte para o outro:

- O que queremos daqui para a frente?
- O que faremos?

São perguntas sobre o futuro.

E, o passado grita..., para enfim ouvirmos, sentirmos, pensarmos:

- Por que não detectamos e corrigimos antes?
- O que aconteceu com todas as promessas e desejos?
- Talvez, perguntar para Deus "o que precisamos aprender com isso" e antes não demos bola, negligenciamos..., perdemos (detalhes desse aspecto, breve, em outro livro do Programa, bem perto de você).

O amor real nunca acaba, paixões, sim, acabam! E isso é muito bom. É quando passamos a "existir de verdade". E fazer por merecer.

Se há um amor autêntico tudo pode ser superado e sairemos sempre maiores, mais fortes, "de qualquer cilada que o mundo nos imponha".

E se não houver mais o que superar?

- Será o sinal forte, definitivo, que fomos de fato descuidados. Destruímos muitos sonhos e realidades ao longo de todo o caminho. E não percebemos. Fomos imaturos e incompetentes. Fracos.

Eu não quero ser imaturo, incompetente, fraco. Quero resolver meu futuro hoje, agora, a cada dia da minha vida. Quero vigiar. Quero orar.

Antes de seguir, é importante observar nossas reações, diante da opinião dos outros. Nossa necessidade primitiva de sermos aceitos o tempo todo, isso compete muito com nosso desejo (necessidade) de amor, este que estamos construindo em nossas vidas.

Então surge a dúvida!

- O que os outros irão pensar?
- Sofro uma traição e sigo com "essa pessoa"?
- Sim!
- Está na hora de você parar, olhar sua vida, seus desejos internos, medos, e aqui está uma gigantesca oportunidade para se superar. Passar para outro nível. Afinal, "crises" são presentes que recebemos. Sinais do infinito para correções de rumo. Acredite: Se sua vontade de amor for forte como sua capacidade de crescimento, em princípio, a maioria das pessoas ficará atônita com sua decisão de lutar pelo coração e pela família. Mesmo que ninguém apoie, critique, zombe, siga seu sentimento, desde que leve sempre junto o seu cérebro.

Acredite!

- Aos poucos as pessoas passarão a admirar e reconhecer sua grande força, e até se inspirar nela e tentar corrigir os problemas deles. Você salvará vidas e cobrirá de sorrisos muitas crianças, as maiores vítimas dessas situações, ao lado dos avós e de vocês mesmos.

Você se tornará referência de grandeza e vitória, um vencedor(a) para "a maioria" que segue a vida com predomínio do medo – cérebro primitivo. Minha esperança é que muitos aprendam com você a serem "diferentes", melhores, maiores.

Para encerrar este complicado e difícil capítulo deixe-me contar uma história real. Algo que aconteceu de fato e na época me surpreendeu muito. Apesar que depois comecei a perceber que não seria a última história de pessoas que passaram por este Programa. E acreditaram (não apenas em mim, mas, e principalmente, em si mesmas).

Antes de escrever este livro eu já dava esta palestra, entre outras, para muitos grupos e em diversas cidades. Escolas, igrejas, empresas... Certa vez uma mulher me ligou desesperada, pois o marido descobriu conversas, digamos, bastante quentes, entre ela e alguém que ela conhecera na internet. Ele disse para a esposa que conversariam naquela noite e na presença dos três filhos. Dois jovens, um casal, e uma menina de quatro anos. Ela não sabia o que fazer e me pedia ajuda.

Tentei tranquilizá-la e disse que falasse a verdade e, principalmente, contasse tudo daquilo que sentia e vivia na família e mesmo fora dela. Falar o que sente traduz o que pensamos e expõe sinais de que se fala a verdade. E colocar a verdade à mesa demonstra intencionalidade positiva – reconhecimento e aceitação do próprio erro. Isso é muito bom.

Eles moravam em outro país, onde o marido fora transferido a trabalho para uma grande empresa, e a adaptação ao local, à língua, à cultura não estava sendo fácil para nenhum deles.

Dois meses depois ela me telefona. Muito feliz, contou-me toda a história e o desfecho. Naquele exato momento estavam os dois viajando, sem os filhos, para uma segunda lua de mel – coisa que "nunca" haviam sequer pensado em fazer. Então ela me disse:

- "Cheguei em casa e todos estavam na sala me esperando. Eu não sabia o que fazer, estava em pânico, iria perder tudo o que tanto sonhei e lutei na vida. Eu iniciava também um novo emprego e até já havia acostumado com a língua e costumes. Eu só queria chorar, mas, com o pavor, não saía nenhuma lágrima. Para a minha surpresa, meus filhos maiores já sabiam de tudo".

"Foi quando meu marido disse, olhando bem firme para mim: 'O que você quer, meu amor?'. Sentamo-nos no sofá, ele pegou minhas duas mãos e com as dele trouxe ao seu colo" (sinal de "eu acolho você").

Eu comecei a falar o quanto amava todos eles e não havia entendido direito o que aconteceu. - "Eu quero a minha família e..." Ele me interrompeu. Carinhosamente, passou a mão em minha cabeça e disse: - "Perdoe-me, eu errei".

Um homem focado no trabalho – nossa cultura exige isso – com uma família para cuidar, proteger, sustentar, oferecer segurança material..., ele se esqueceu da afetiva., das necessidades emocionais mais puras. A vida atribulada o fez esquecer.

Muitas vezes, nossas promessas de amor se perdem na confusão do dia a dia. Ele mesmo contou isso para ela. Bastou ela, sinceramente, afirmar o quanto o amava e a família, foi suficiente para ele poder expor todas as falhas dele (e deles) naquela relação tão sonhada e realizada na figura daqueles filhos. Sim! Maravilha a casa, os novos empregos, ganhos, desafios, expectativas..., mas como restaram os corações e os relacionamentos? Foram cuidados no caminho? - Não. Achamos que estava tudo bem. Parecia não haver problemas.

Quantas vezes nos perdemos do que realmente desejamos e merecemos. E..., falhamos no principal. Nós e os outros em detrimento "das coisas". Traição é um sintoma. "Sem esperar" surgem drogas, depressão..., automutilação, suicídio. Precisamos estar atentos, sempre.

A mulher, fragilizada com toda nova situação, um maior e progressivo afastamento do marido, ambos não perceberam. Até que se apresenta um momento, uma oportunidade, às vezes até após uma briga, uma discussão tola, e "surge" o outro, bem naquele dia, e que, em uma situação normal, nada aconteceria. Talvez as conversas com esse "outro", a princípio, estavam apenas provocando novos suportes para uma autoestima abalada. Verdade, um fato que deveria ter sido cortado na raiz.

Porém, é fácil falar, eu e você, pois estamos distantes desse jogo, agora. Hoje. Sei lá o que o amanhã nos reserva. Estaremos preparados para merecer a vida ou seguiremos apenas criticando "quem caiu"?

Fácil? Nunca. Possível? Na imensa maioria das vezes, sim.

Contudo, o que me deixou mais feliz, além da maravilhosa notícia da boa condução do caso pelos dois, é que ela me contou que depois ele disse para ela que havia assistido exatamente esta minha palestra na empresa, enquanto ainda estavam no Brasil. AMOR, CÉREBROS E ESCOLHAS. E esta parte do ciúme e da traição havia chamado muito a atenção dele, e que todos os pensamentos e reflexões que levo para as palestras, e agora realizo neste livro, haviam ajudado muito na manutenção e sustento daquele casamento. Ele soube aproveitar – aprender e pôr em prática. Salvou a família.

E disse ela: "Ele mudou demais, para melhor. Um homem, com uma origem familiar que se poderia chamar machista, tornando-se alguém maduro suficiente para sobreviver ao impacto da minha traição, e conseguir superar as dores, em nome de um amor verdadeiro de ambas as partes. Meu amor por ele, e diz ele por mim, só aumentou. Por isso estamos nesta viagem e muito mais preparados para os desafios que o futuro ainda irá nos apresentar e fazer enfrentar. Estou muito feliz".

Então, digo eu: - Agora é com você.

Vamos seguir aqui aprendendo um pouco mais sobre esse nosso maravilhoso cérebro, em gratidão, confiança e amor?

- Eu não sei de quem são estas frases, adiante, mas não posso deixar de colocá-las neste momento. Um pequeno diálogo de intenções entre um homem e uma mulher, ao se despedirem para a primeira semana de trabalho, após a viagem de lua de mel. O início da grande aventura do casamento, não mais um sonho, agora, posto em prática.

A fala da esposa para o marido:

- "Eu farei tudo para que você sempre deseje voltar para casa".

A resposta do marido para ela:

- "Eu farei tudo para que você sempre sinta ser a minha rainha".

Esses são votos que todos nós deveríamos aprender e trazer para a nossa alma, para a nossa casa, para sempre.

Capítulo XV

SOMOS REALMENTE CRIATURAS COMPLEXAS E DEPENDENTES

Por melhor que tenhamos sido amados, temos nossos medos internos construídos ao longo da vida. Necessitamos de "algo". Nossa plenitude da infância vai sendo desmontada aos poucos. Passamos a vida inteira buscando (exigindo) que alguém a refaça.

Voz corrente:

"O MUNDO DECIDIDAMENTE NÃO É UM LUGAR SEGURO"!

Será que sim?

Será que não?

Se um bebê é atendido logo ao chorar, sente-se seguro. A comunicação dele é o choro, como um pedido de atenção e segurança. O primitivo quer socorro: "ajudem-me". Precisa de proteção, alimento... etc. Se ouve a voz da mãe, sente o cheiro dela (primitivíssimo), o calor que confirma a presença, reconhecida pelo tato (tônus) e é logo atendido, sente e valoriza tudo desse modo:

- "O mundo é um lugar legal para se viver";

- "Eu sou uma pessoa importante"!

O bebê "sente-se" satisfeito e feliz e não por meio verbal, porque nem conhece ainda as palavras.

Insisto e repito aqui a palavra "sente" porque ainda não há razoável capacidade para "pensar". A criança não pensa "Oba! Lá vem a mamãe"! Ela apenas sente o mundo ao redor e reage de modo bem primitivo.

Normal.

Observe que atender não significará dar de mamar imediatamente. A criança chora por muitos motivos. Às vezes enfiar leite goela abaixo só irá irritá-la. Atender é estar ao lado, ficar por alguns minutos, deixar a criança perceber de fato a presença, seu cuidado, acalentá-la, ato que acalma mãe e criança, para o momento, o futuro e para a vida.

Não poucas vezes surgem diretrizes psicológicas que orientam para deixar as crianças chorarem, para que não fiquem mimadas.

Eu digo que você ao não atender o chamado da criança no instante que ela mais precisa fará com que ela carregue isso para o resto da vida. Essa será a sensação de não importância e de estar em risco permanente, impedindo que ela desenvolva a segurança tão importante para a vida de todos nós.

Ficará registrado nela, na memória neural, talvez em cada célula do corpo, que ela não merece atenção e cuidado, não é ninguém para a mãe, muito menos para o grupo e para toda a humanidade.

Ok. É um pensamento diferente de muitos profissionais de saúde, esse meu. Pergunto a você: - Vale arriscar quem está certo?

- Uma criança é "desmamada" aos poucos da mãe. E essa é uma função do pai, ao longo da infância, até a puberdade. E a própria criança buscará o mundo, desde que "construída", municiada por relações saudáveis com pai e mãe. Limites adequados não a deixarão mimada.

Aqui, nossa cultura atual inibe o primitivismo materno próprio do cuidar, amamentar, e ambas, mulher e criança, veem-se mergulhadas e "obrigadas" a uma lista sem fim de regras, do que fazer, e o que não fazer.

É o cérebro novo coletivo ainda em frágil racionalidade, atrapalhando e muito uma ação biológica elementar desenvolvida por tanto tempo pela humanidade. Uma habilidade presente no primitivo de todas as mães, no entanto, não vamos perder o foco, aqui, meu objetivo é outro. É que, como obstetra, não consigo parar de falar disso.

Ok. Parei.

Segue:

- Se a criança, agora maiorzinha, ao começar a explorar o mundo, tiver apoio da mãe sentirá que **PODE**! Perceberá e vivenciará nela mesma a capacidade para experimentar. Autoestima. Algumas pessoas já tiveram oportunidade de presenciar as tentativas dos primeiros passos de uma criança. Ela, um dia que ninguém espera ou sabe quando, apoia-se em uma mesa, cadeira, sofá..., qualquer coisa, que esteja por perto de onde estava engatinhando. Faz um esforço lento, solitário, concentrado e persistente e, de repente, vê-se em pé!

- Faz cara de surpresa alegre, é uma grande vitória!

- Ela sorri, emite alguns sons com a boca, sacode as perninhas dobrando e desdobrando freneticamente os joelhos, enquanto, "fala, fala, fala"! Está feliz! - Uma grande conquista. De repente para de "falar", tudo fica sério. Presta atenção ao chão, tira uma das mãos de onde se apoiava e..., experimenta o primeiro gigantesco passo para a história – e sente assim: - "Hoje, um pequeno passo para 'a criança', um grande passo para a humanidade". - E consegue. Gira um pouco o corpo e em outro movimento dá..., o segundo passo!

Aqui está a grande sacada do tema: Ela nunca tenta dar o terceiro passo sem, e da forma mais desengonçada do mundo, olhar para trás para ver quem? - A mãe!

Assegurar-se, preocupada, que ela, a mãe, ainda está ali, cuidando, zelando. "Eita". Nosso sempre presente medo do novo. Assim que enxerga a mãe, solta um belo sorriso, e..., geralmente, perde o equilíbrio. Cai. E chora!

Então a mãe diz assim:

- "Vai filhinho/a, levante-se, segue seu caminho. Vá explorar o mundo. A mamãe está aqui cuidando de você".

Depois da nutrição, que é a primeira função materna, a contenção é a segunda. "- Vai filho/a" – Pronto. A criança se esforça para se colocar novamente em pé e segue a jornada de exploração pelo novo mundo.

Aí..., explora a sala, amanhã, o quarto, depois o mundo. Está agora escrito no cérebro primitivo, a categoria do..., **EU POSSO!**

- Até onde levarão os passos dessa criança com um "eu posso" desses, encravado lá, bem no fundo do cérebro?

- Vai ser um grande príncipe!

- Uma bela princesa!

Para os críticos de plantão, claro que não será só essa informação, esse episódio que definirá uma vida, mas a soma desses momentos, principalmente por toda a infância. Afinal, a presença e a atuação da "mãe" é o grande estímulo e força para "colocarmo-nos em pé novamente" e seguirmos seguros nossa jornada pelo mundo.

Ok, o "pai", é aquele que nos "porá para correr dali", junto da mãe, nos arrancará desses lindos e seguros braços para que a gente possa se tornar capaz de se lançar para a vida. Mãe é predominantemente emocional, pai é racional. Os limites paternos, bem aplicados, darão mais segurança ainda para essa jornada.

Outro dia ouvi de um grande homem, ex-viciado, ex-morador de rua, que o maior motivo que leva as pessoas a abandonarem família, trabalho e partirem para as drogas, vivendo debaixo de marquises nas cidades, é a perda do amor da mãe.

Significativo, verdade?

- Vou acrescentar: perda da presença da mãe e da direção do pai.

Enfim, outra mãe, pode, assustada, ao ver que a criança caiu, pois, nem estava testemunhando aqueles primeiros passos, distraída com televisão, telefone, vizinha, os problemas..., gritar:

- "Ai meu Deus! Vai se machucar muléque"!

Uma mãe criada no mito familiar do medo, tudo é perigoso, difícil...

- "Vai quebrar o vaso da tia, guri, que coisa!"
- "Vai enfiar a cabeça na quina da mesa..., etc. etc. etc."

Pronto.

O rebento começa a chorar e nunca mais vai conseguir ir muito longe, na longa jornada pelo mundo. Nunca conseguirá parar de chorar, de reclamar nem sabe por quê. Ficou gravado no inconsciente que, de algum modo, ele/a é um/a incompetente, não merece, não pode, não deve, nem ao menos pode tentar. Sempre irá cair e chorar. Afinal, a mamãe mostrou isso para ele. Ele não vai conseguir e ainda "quebrará o vaso da tia". Mãe é a pessoa mais poderosa do universo, para a criança.

Fica marcado tão forte no coração dela, devido ao nível de importância de quem colocou tal mensagem no inconsciente dela, que praticamente ninguém conseguirá reescrever nada diferente nessa cabeça. Nós vamos reprogramar isso. É o que todo o Programa SUPERCONSCIÊNCIA/FAMÍLIA DO FUTURO mais deseja – reflexão e transformação.

Permanece no inconsciente. Se aceitar outro pensamento nesta vida, OUTRA VISÃO MELHOR DE SI MESMO, sente que trairá o grande amor que "ainda aguarda, insistentemente", receber da própria mãe.

Não preciso explicar de novo que aquela construção mental é a soma de muitos episódios durante a vida, não é mesmo? - Se tornará um obediente plebeu!

As mamães amam demais a todos nós. Papais também. No entanto, eles só conseguiram ser os pais possíveis. Pense nisso. Está em nossas mãos trabalhar as consequências da nossa formação.

Escrever esta parte do texto me fez lembrar do filme, "Inteligência Artificial". A história de um menino robô, um androide, que recebeu dos seres humanos a capacidade para sentir e expressar emoções e foi criado devido ao nosso desejo primitivo de nos sentirmos amados por alguém, no caso, nossa necessidade de sermos aceitos, mesmo que, por "algo" – um boneco, quase humano – um menino, uma criança, um símbolo.

Assim como em muitos casos da nossa vida real, ele acaba abandonado pela mãe, pelos pais. Apesar da enorme luta para reencontrá-la, acaba isolado, sozinho, afastado de tudo e de todos, "jogado fora". Mas, agora, parado em um mesmo lugar, espera, ainda que pela eternidade, a presença e o amor daquela mãe. Ele não morre, é um androide, a emoção não termina, foi programado desse modo, e sofre uma dor infinita na espera da mãe, que nunca irá voltar. Devo confessar que me emocionei demais com esta história (ficção/real).

O que mais me leva a escrever este livro – e desenvolver o "Programa SUPERCONSCIÊNCIA/FAMÍLIA DO FUTURO" – é que nossa vida não é um filme, essas verdades ocorrem todos os dias e em todas as cidades do mundo, em nossa própria família e em nós. E podemos fazer alguma coisa, não é verdade? - Eu acredito que sempre há saídas!

O que escrevemos em nossa memória pode e deve ser olhado de perto, racional, e reescrito no inconsciente. Não somos androides. Não somos fadados a representar as mesmas dores pela eternidade. Podemos e devemos cultivar esperança em nós e em todas as pessoas.

Não é tão fácil como Hollywood tenta mostrar em outros filmes mais otimistas. Você assistiu ao filme "De volta para o Futuro"?

— Um jovem cresce em uma família de pais "perdedores", como os norte-americanos costumam chamar as pessoas aparentemente fracassadas na vida. Por um motivo da ficção, ele viaja para o passado e conhece os pais na época da escola. Para resumir, claro. O pai dele, bem jovem e frágil, sofre *bullying* de um marmanjão, quase todos os dias, e não consegue reagir. A mãe é uma estudante comum. Ele sabe que não deve interferir na história dos pais, mas o enredo segue um curso que torna impossível não agir. E antes do protagonista voltar para o futuro ele finalmente ajuda para que o pai do passado reaja às intermináveis agressões e dê um soco, que derruba o grandalhão, e é o que aproxima definitivamente aqueles que mais tarde se tornarão o pai e a mãe dele.

Ele volta para o futuro sem fazer ideia de que aquele ato evocado no pai mudou a história da família. Logo que entra em casa, já percebe que a casa é diferente, assim como o carro da família. Muito melhor.

Aliás, o carro nem da família é. Antes, ele era pobre, só andava de *skate*, admirava aquele carro, e agora "aquele carro"..., é dele.

Aparece na cena, o pai, com ar vitorioso, a mãe, linda, bem cuidada e ele, ainda espantado com todas essas novidades, vê o grandalhão que incomodava o pai na juventude como um auxiliar da casa, acovardado e submisso. O plebeu virou príncipe, e o príncipe, plebeu.

Em Hollywood um soco mudou uma história.

Quantos socos precisamos dar em nossas vidas para vencer?

Em tempo: o soco não é apenas no outro. Na maioria das vezes, o soco deve ser dirigido para nós mesmos. Geralmente alguém nos desfere um soco que muda tudo. Acordamos dos nossos próprios medos e crenças negativas pré-construídas graças a um amigo, às vezes alguém de nossa própria família, até mesmo um desconhecido.

São pessoas enviadas por Deus em nossas vidas. "Ele" as oportuniza todos os dias e somos constantemente afrontados, até que, por fim, saltamos para um nível mais alto. "Cada um de nós faz parte da história de cada um de nós" – sim, escrito exatamente desse jeito estranho, porque é..., como deve ser.

Pelo apresentado até agora, nós, bebê ou criança, começamos a vida testando tudo. São experiências relacionais que nos colocam em dois caminhos:

- Da dúvida, insegurança, medo e dependência, quando passamos a vida apavorados para não "quebrar o vaso da tia" – uma emoção negativa guardada no inconsciente, bloqueando nosso futuro e felicidade.

- Ou da confiança, boa autoestima, coragem e capacidade, mesmo assim, sendo permanentemente confrontadas e ameaçadas, simplesmente para testar nossa força e nos fazer crescer cada vez mais. Ok! Não vou quebrar o vaso da tia. Mas, se quebrar, peço desculpas, conserto, compro outro..., "eu dou um jeito"!

Todos nós estamos em algum ponto entre um e outro desses dois universos extremos descritos acima. Nossas seguranças, dúvidas etc. são maiores ou menores. Nosso medo..., algumas vezes imenso e paralisante. Nossa confiança, louca para se manifestar e crescer sempre mais.

Dentro desse reducionismo "didático" que utilizei, sei que "a coisa" é muito mais densa e complexa, porém, esses pontos tratados nos servem muito bem para entendermos as atitudes, baseadas em nossas histórias de vida. Mais preparado para um belo soco?

Merecemos maus sentimentos para toda a vida? - Não! Podemos pensar e TREINAR PENSAR sempre de modo melhor e diferente do habitual. Narrativas não são destino. São apenas..., narrativas. Afinal, aqui há uma grande verdade: Você não decide tudo o que acontece, mas o que fazer com o que acontece. Portanto, "você decide o seu destino".

Capítulo **XVI**

COMPLEMENTARIEDADE

Que tipo de relacionamento estamos procurando?
- Quais exigências faremos para os outros?
- Como poderemos manter segura a "nossa verdade"?
- Por quem, afinal, nos apaixonamos?

Apaixonamo-nos por aquele/a que nos oferecer, em processo inconsciente, nossa complementariedade:
- Quem cumprir bem as nossas exigências (carências).
- Quem mantiver segura a nossa verdade (proteção).

Mas, e principalmente:
- Quem o cérebro primitivo, antigo, identificar na CATEGORIA de alguém que possa nos ajudar a resolver as cicatrizes da nossa história.

E como ele(a) cumprirá a tarefa, este último ponto?
- É dotado (pelas diferenças sempre presentes) da capacidade de nos enfrentar e afrontar, libertar-nos da nossa verdade (única), nossos medos (muitos) e das emoções (positivas) que foram bloqueadas, lá atrás. É quem mais nos dará "socos para acordarmos do transe". No bom sentido.

Saiba para sempre:
- Isso é válido para ambos.
- Temos muito mais coragem do que imaginamos.

Se os dois envolvidos na paixão conseguirem mais tarde, quando esta terminar, compreender, aceitar e permitir a nova chance de mudança na vida, maravilha. Se não colocarem em prática a oportunidade criada pela relação escolhida, milimétrica e inconscientemente pelo cérebro primitivo, darão um jeito de fugir, sabotando até destruírem a relação, provando estarem "certos", na mediocridade e no medo.

Estaremos todos ainda mais fracos porque provamos a nós mesmos que "não damos certo com ninguém". Inclui "todos nós" neste ponto porque toda a sociedade sofre e perde com isso.

Na tola certeza, perdemos a chance de crescimento, deixamos para trás, até encontrarmos outra pessoa e reinicia-se o mesmo processo. Uma luta entre alcançar um futuro mais feliz ou se manter eternamente atado a dores de um passado (que nem existe mais). A vida é o hoje. E amanhã, depois de amanhã... Serão, todos os dias no futuro, um grande hoje, cada vez que chegarmos lá.

Nosso cérebro primitivo é que escolhe o amor capaz de nos libertar e nos fazer crescer. Uma busca e escolha inconsciente, uma inteligência interna em nós, encontra alguém "lá de fora", do mundo, em uma "CATEGORIA ESPECIAL", capaz de nos ajudar, com as diferenças que carrega em si mesmo, e nos apresentará, pouco a pouco. Contudo, esse "assunto" acaba sendo atrapalhado por nossa imaturidade (medo e ilusão), afinal, uma parte oculta, ainda espera que alguém "cuide de nós, acolha, mime, amamente" e não nos afronte, provoque, perturbe... Estaremos plenos novamente – completos, sem precisar mudar nada.

Não fazemos ideia de que escolhemos, inconscientemente, quem será capaz de nos "salvar", arrancar dos nossos freios prejudiciais. Ele e nós. Afinal, um encontra o outro para que se curem. Isso é complementariedade benigna. Também importa dizer que não somos "doentes". Nossas dificuldades de formação podem ser, e geralmente são, leves. Mesmo assim, sempre precisamos largar e crescer.

Mas, quando descobrimos que o parceiro não pretende preencher nossas solicitações infantis = medo. Se descobrirmos que o parceiro quer desistir e partir = medo, ansiedade, abandono, morte. E quais as nossas reações imediatas?

- Jogos de poder!

E assim os conflitos tornam-se inevitáveis.

- "Você não é a mesma pessoa que eu conheci"!
- A frase é dita sempre com cara e fala de choro.
- CLARO! VOCÊ NEM SEQUER SE PERMITIU "CONHECER"!

Vitimização, chantagem, implora-se: por favor..., não me deixe!

Um companheiro(a) não é muleta na solução de problemas. Realmente não é muleta, mas, acredite: a pessoa que você escolheu (que o cérebro primitivo escolheu) pode ser sim a solução dos seus problemas, a nova chance para o enfrentamento dos medos infantis. Não largue, não destrua... Mesmo que se sinta sentado na cela de um touro bravo, sacuda, pule com o touro, mas não caia (novamente)..., não desta vez!

- "Mas, ele/a não fará o combinado"?
- Alguém..., combinou (racional) alguma coisa?
- O "combinado" aqui é aquela expectativa infantil que o outro (alguém) ainda deve lhe dar o que faltou.

Mas..., enfim, quem cuidará de quem?

- Lembre-se: relação de amor, a princípio, é um encontro entre dois parcialmente carentes. O "casamento inconsciente" é o depósito de desejos, a soma das necessidades não atendidas, e não satisfeitas, durante a maravilhosa infância e juventude.

Passa o tempo..., e quando nos damos conta...

- "Ai, ai, estamos juntos há anos. Agora nem fala mais comigo"!
- "Nossa! Como fala! Durante o namoro eu não havia notado que era tagarela desse jeito"!

Pode manter esses pensamentos e atitudes ruins, porém, também pode avaliar assim:

- Estive pensando e decidi. Vamos inverter o jogo. Eu cuidarei de você e você cuidará de mim. Como? Eu aprenderei de você, do seu universo, da sua vida, e você aprenderá de mim, o que eu vivi, descobri e aprendi. Vamos nos ajudar. Com coragem, a partir de agora eu quero aprender muito sobre e com você. Quero merecer você.

Preparado para seguir adiante?

Capítulo XVII

O Mistério da Atração

Sina de todo casamento:
1. Atração.
2. Amor romântico.
3. Descobertas (surpresas).
4. Luta pelo poder (para manter, cada um, as próprias verdades, a segurança primitiva, e passado um tempo...).
5. Destruição total (meu Deus, convivi com um monstro).
6. Parte para uma nova relação (agora serei feliz, finalmente)!

..., choro,..., noites em claro..., pronto(a) para outra! E novamente:
1. Atração.
2. Amor romântico.
3. Descobertas (surpresas).
4. Luta pelo pod...

Se o problema principal levantado até esse ponto é o desejo e necessidades não atendidas, apenas buscar outra fonte para suprir os desejos e necessidades seria a solução para os problemas encontrados?

Em outras palavras, em vez de destruir uma bela e verdadeira relação de amor (escolhida por seu poder inconsciente) e seguir destruindo uma após uma (por medo e descrença), o que acha de partir hoje – agora, já – tomar atitudes para uma construção real de amor. Chega de tanto transtorno e sofrimento para tanta gente (você, filhos, família).

Nosso objetivo é o reconhecimento de um amor maduro, construído "intencionalmente" (com direção e destino), agora pelo CÉREBRO NOVO, racional, comandante, piloto, mostrando ao primitivo (protetor) que está tudo bem:

> **CALMA, PRIMITIVO!**
> **AQUI VOCÊ NÃO PRECISA MAIS ME DEFENDER**

Estou bem. "Vou construir minha felicidade".

Para tanto, depende diretamente da disposição "dos dois" em conhecer e trabalhar algumas partes ocultas. Vamos tentar?

- Devagar, pssssiuuu! Precisamos fazer isso em silêncio para não "acordar" as defesas do cérebro primitivo, precisamos compreender algumas coisas antes. Calma vai dar tudo certo. Confie em você. Existem algumas "verdades" que precisamos ter mais claras e compreender antes de... "cortar o bolo".

Muitas são as teorias que procuram explicar por que um casal se apaixona e por que se sente tão atraído. Quando existem várias maneiras para explicar determinado assunto é forte sinal que nenhuma delas serve para ser uma resposta correta, única e definitiva. Ao menos de modo completo, geralmente apenas o fazem de maneira parcial.

Primeiro vou abordar duas das principais teorias e logo em seguida demonstrar como são frágeis, tolas e absurdas, apesar de possuírem alguma lógica. Portanto, antes de seguir em frente, fique claro que não são minhas ideias, apenas estou apresentando para você essas teorias e não concordando com elas, ok?

1. Teoria Biológica:

O homem se sente atraído pela mulher devido a alguns ARGUMENTOS REPRODUTIVOS. Isto é, entre outros atributos femininos o olhar está sobre seios e nádegas (vulgo, peito e bunda), imagens primorosamente exploradas nas revistas, ditas masculinas.

Parênteses: Eu sempre acho graça quando leio algo como "revistas com temas adultos". Como assim, adultos? - Quanto adulto somos, ao precisar ficar folheando revistas com fotos de mulheres sem roupas e em poses provocantes? Isso é uma saudável curiosidade juvenil aos 11 anos de idade, ainda aos 15, mas persiste depois, com os de barba e cabelos grisalhos e neurônios cansados? Claro que sempre pode-se achar bonito, provocar interesse, mas nunca como na puberdade e juventude.

Fato: há em realidade grande atração do homem por seios e nádegas. Agora a teoria: belas e substanciosas mamas femininas são, em tese, garantia para a natureza masculina de que o rebento – aquele que carregará o DNA do homem a ser espalhado pela terra – poderá, quando bem alimentado, sobreviver e se desenvolver. E a atração pelas nádegas, o "corpão violão"? - Ocorre porque a gordura depositada ao redor da pelve, graças aos hormônios femininos, garantirá energia suficiente para que uma gestação evolua e se complete. Alimentar até o rebento estar formado e finalmente sair do útero para o mundo.

A natureza é muito inteligente. Armazena gordura, poderosa fonte de energia, na fábrica que produz leite, e bem próximo da fábrica que produz nenês. É muito ruim, em termos biológicos, que as mulheres façam lipoaspiração para retirar gorduras saudáveis.

Calma! Insisto! Não é minha a teoria "peito & bunda", mas esse é um dos pensamentos da biologia para tentar explicar a atração do homem por mulheres que desfilam pelo mundo com fartos "seios e nádegas".

A mulher, por sua vez, sente-se atraída por um homem devido a ARGUMENTOS MANTENEDORES e não mais apenas reprodutivos. Isto é, carrão, apartamento na praia, viagem a Paris... Ah..., Paris. Pense. O homem leva 2 míseros segundos e meio para depositar a carga genética no fundo da vagina feminina. E ela, terá que suportar "nove meses, mas dois ou três anos", para garantir o desenvolvimento da vida para a cria. Um bolo de células vivas que não para de berrar de fome e outras tantas exigências..., e ela, a mãe, ainda precisará de mais uns 12 anos para poder se ver livre do "tufão" esfomeado e carente de tudo! É muita diferença do esforço do pai nesse processo.

E o bonitão macho? - Vai embora, pescar com os amigos, enquanto a mulher dá até os ossos pela família (literalmente)?

- Não! Ele tem que ajudar a manutenção da criança, revisão periódica, troca de peças..., daí a necessidade de um "$$$ macho alfa $$$". Se não for um alfa ela terá que pular cerca e achar um "plano beta", mas alguém terá que colaborar na criação dos filhos. Por isso um mantenedor.

Hoje em dia, um filho costuma sair de casa lá pelos 40 anos de idade..., bem, mas essa..., é outra história (outro livro).

Ok. Já veremos como essa teoria cai por terra, apesar de conter alguma lógica regular, persistente e objetiva.

2. Teoria Sociológica:

Homem e mulher, ambos se sentem atraídos por pessoas com comportamentos e expectativas similares. Ser visto com tal pessoa em ambientes comuns para os dois gera sensação agradável e melhora da autoestima. Possuem e demonstram um mesmo padrão de educação.

Bem, essa teoria é enganosamente mais fácil de compreender. Digo enganosa, porque parece lógica e bonitinha, contudo, nos mantêm ligados ao aspecto apenas de uma possível relação e não no porquê da construção de um amor mais profundo entre duas pessoas. Então, apesar de também lógica será tão fácil de derrubar quanto a anterior. E as destruímos, formulando duas perguntas:

> **1. "POR QUE NÃO NOS APAIXONAMOS POR MUITO MAIS PESSOAS COM TAIS CARACTERÍSTICAS BIOSSOCIOLÓGICAS?"**

Antes de apresentar a segunda pergunta, pense nisto: rompida a relação, simples, basta procurar outro "peito & bunda", alguém com o mesmo grau de educação, ou, melhor ainda, ambos – um ser "perfeito para mim".

- Olha ali..., encontrei outros seios, pronto, estou novamente apaixonado. Que carro lindo, estou apaixonada. - Nossa! - Que bela educação. Viva! Amei. Não largo mais.

- Fácil perceber que não é assim que acontecem as paixões. Teorias fáceis de serem rapidamente abatidas, não é mesmo?

Que elementos a mais estão faltando nestas histórias?

- Por que não nos apaixonamos por outras tantas "coisas tolas", como as que descrevemos – peitos, bundas, viagens, carros, mansões...?

- São atributos importantes, válidos sob certos aspectos, mas não são capazes de nos deixar apaixonados.

- Vamos à segunda pergunta, para acabar de uma vez com as anteriores.

2. POR QUE NOS SENTIMOS TÃO DEVASTADOS E APAVORADOS QUANDO A RELAÇÃO TERMINA?

Respostas:
- Medo infantil do abandono.
- Medo de não ter as necessidades atendidas.
- Medo primitivo de morrer.

Sinto que:
- Algo muito importante está me deixando e vai embora.
- Vou perder alguém muito especial.
- Fecha-se a minha chance de crescimento, acabou o sonho.

Paixão é um impulso primitivo que atua em dupla pela humanidade – o casal – um para o outro, um pelo outro, complemento de vida que não pode ser negligenciado. Não deve. Uma "construção" encontrou o outra "construção" de vida. Dois em desenvolvimento – evolução necessária.

Atenção! Quem escolheu seu parceiro foi o cérebro primitivo, com a tremenda capacidade de detectar exatamente aquela pessoa que você precisa para seu crescimento humano e espiritual. Um processo inconsciente que, ao longo do tempo e juntos, torna-se cada vez mais consciente, um amor maduro e verdadeiro, na terra (e no céu).

A ação e a função de nosso cérebro primitivo: - "escolher a pessoa de nossos sonhos", para trabalhar o que precisa terminar de ser construído em nós, em nossa alma, pela eternidade.

Um consciente não sabe e o outro também não. Verdade, não são os únicos "cérebros" compatíveis que existem por aí, mas foram sim feitos um para o outro. O inconsciente sabe muito bem quem escolheu, quem ele "cheirou". Ele sabe exatamente quem precisa para ser confrontado, "empurrado para desatolar", sair do lugar, evoluir.

A mim me parece lindo isso. Basta aprendermos a trabalhar esse amor. É isso que pretendo propor e mostrar, com toda a intencionalidade, ao longo de todo o Programa SUPERCONSCIÊNCIA/FAMÍLIA DO FUTURO.

Também é correto afirmar que não podemos nos manter numa relação de sofrimento na qual o medo não permite que "o outro" entenda essa importância, lute por ela, renuncie parte da verdade (da ilusão) e mergulhe no crescimento de ambos. Vale o deixar ir. Logo falaremos um pouco mais sobre isso.

Ainda assim, tenha claro:

- Vale muito abrir, deixar, abandonar "parte da verdade", para conhecer, experimentar, viver "parte da verdade" do outro.

- Felicidade é a soma das nossas verdades.

"Foram feitos um para o outro".

Nossa! Não é que isso é real?

Capítulo XVIII

O Mistério do Amor Romântico

A paixão pode ser descrita em frases:

1. - "Tenho certeza de que já te conheço"!

E aí? - Quem ainda não disse isso quando sentiu aquele... friozinho na barriga em um primeiro encontro? Como assim, já conhece? - É a sensação da redescoberta <u>do que o primitivo procura</u>, há tempo. Se..., procura, é porque ele já sabia o que procurar, o que quer e precisa encontrar.

2. - "É inexplicável como eu me sinto bem com você"!

- Em outras palavras: - "Achei"! Esta é a pessoa que eu buscava para minha vida – apesar de você não saber praticamente nada sobre ela.

3. - "Parece que estivemos <u>sempre</u> juntos"!

- Lembre-se que o cérebro primitivo é atemporal. Não tem noção do tempo – para ele tempo é irrelevante e o sempre é real.

4. - "Você me completa perfeitamente"!

- Ai, meu Deus. FUSÃO (?), confusão na certa. Como assim, "me completa perfeitamente"? A explicação: Lembre-se de que aqui não é a perfeição de uma pessoa ou relação a qual você "pensa", mas a perfeição que o primitivo "sabe" e precisa para ser afrontado, exercitado no que sente e, por fim, EVOLUIR – grande objetivo da nossa natureza.

- A ilusão do encontro da tampa da panela não é de fato uma ilusão, apenas nossa interpretação sobre ela é equivocada. Nosso primitivo encontra uma tampa que poderá realizar "nossos melhores pratos". Desde que... a gente abra o coração e a mente para sermos <u>alunos da vida</u>.

5. - "Eu te amo! - Não posso viver sem você"! (Emocional).

Como assim, não posso viver sem alguém? - (Racional). Fenômeno da imensa necessidade do outro, de alguém, para o primitivo, automático, para a **SOBREVIVÊNCIA,** para o crescimento, desenvolvimento, a evolução. A natureza escreveu em nosso cérebro este fabuloso papel neural para nos perpetuar na Terra, porém, não como uma pedra (até pedra se modifica), mas como humanos, capazes de crescer. E o amor é uma maravilhosa estratégia. Relacionamentos aparam arestas. Família, amizades, colegas, vizinhos... o outro. Verdade, crescemos no outro, não apenas no "amor da sua vida", mas, aqui, o "amor da sua vida" ganha prioridade – se você deixar. Vai apanhar até aprender isso, então, aprenda. Logo, já, agora.

Nesta fase surgem as famosas frases infantis, com as quais nos divertimos tanto, quando vemos os outros, tombados nessa rede (trama, arapuca): - "Ai! Tchutchuquinha!" - "Ei! Tchutchuco!" - Diga, sinceramente, você nunca disse algo assim?

- Rimos muito dos outros, mas, quando estamos nesse embrulho, nem nos importamos. Meus amigos riram muito de mim, com esse exemplo antigo que usei, 'tchutchuco". Mas eram expressões da minha época. Independente do tempo, serão sempre bobos, respeitam a moda, entretanto, apaixonados, de fato, não respeitam mais nada. Tudo é lindo, maravilhoso. "Achei! - Achei! - Achei! Viva!".

Cérebro primitivo é regressão – é infantil, imaturo, bobinho, tolo sim, ingênuo sim, porém, inteligentíssimo. Apenas precisamos aprender a dominá-lo e usar todo o tremendo poder que a ele é delegado pelo universo, oferecido de graça para todos nós. E só paga – e paga caro – quem não deseja aprender.

Interessa saber mais?

Aqui então surge o APEGO, quando não conseguem se desgrudar. É o cérebro primitivo preso no cérebro primitivo do outro, enquanto o racional parece que saiu, foi dar uma volta, sumiu.

Conheceram-se na balada, ambos em férias na Nova Zelândia. Um mora na Guatemala, o outro na Etiópia. Ai meu Deus!

- O cérebro antigo não entende de dinheiro, distância, tempo, não pensa. Apenas faz o trabalho que cabe a ele fazer. "Encontrar o melhor Par"!

E agora vem o pior: A negação:

- "É verdade pai. Eu já sei".
- "Sim filha, o Carlão me contou"!
- "Sabe pai, na verdade o João, meu grande, único e eterno amor, que eu conheci ontem, ele mesmo me disse! Ele..., bem..., ele é o chefe..., err..., ele é o chefe do tráfico de drogas no morro, mas, pai..., ele prometeu que vai mudar! Vai parar imediatamente com isso! Parece que o Tonico vai tomar o lugar dele na distribuição das drogas. E eu, pai, eu amo tanto, que já estava até pensado em ajudar no morro, mas, ele, por também me amar, disse que este não é o mundo que ele sonha para mim. Olha pai, que lindo! Ele até já sonha por mim"!
- "Mas filha..., o que são estas manchas rochas, ele bateu em você"?
- "Claro que não pai, nunca. A gente só se desentendeu, e por me amar tanto, ele não queria que eu fosse embora. Olha só, ele até lutou por mim, para que eu não o deixasse. Esse roxo sai fácil e..."

Aí se apresenta o pai frouxo!

- "Tá bem filha, siga o seu coração"!

Como assim, siga o seu coração?

Um coração saudável não pode ser "seguido" sem razão, maturidade. Nossa imaturidade encontra todas as desculpas e justificativas para não perder, deixar, abandonar aquilo que tanto "achamos" que precisamos. Justificamos a roupa cara que "precisamos" comprar, tanto quanto o carro novo, a viagem, a... Imagine então quando encontramos "o amor da nossa vida"? - Nosso papel adulto será sempre compreender o primitivo e aprender a domá-lo. Momento que nos tornamos maduros e capazes de fazer as melhores escolhas. O primitivo não tem culpa, é o papel dele – a nossa sobrevivência. E ao cérebro novo cabe (nos) pilotar com sabedoria para o nosso destino, nossa alma e nosso amor.

Então, tocaremos agora no tradicional e eterno mistério:

A LUTA PELO PODER!

Seguindo nossa historinha da paixão...

O compromisso definitivo muda o relacionamento. Não me refiro a "definitivo" como casamento, ou algo mais oficial (como fazer um pequeno corte no dedinho dos dois e juntar o sangue como uma promessa de "para sempre". Uma namoradinha fez isso comigo quando eu tinha 13 anos..., nunca mais a vi). Voltando, definitivo, sim, acontece quando se alcança a <u>sensação de</u>: "É minha!", "É meu!", momento no qual, após algum tempo, encerra-se a fase da CONQUISTA e começa o longo período de pedidos e exigências. Posto de outra maneira, com a devida e segura sensação de "tomada de posse!" do outro, imediatamente se inicia a cobrança de uma longa lista de expectativas.

EXPECTATIVAS CONSCIENTES:

- "Vamos passar o Natal na casa de minha mãe, claro, sempre foi lá (e nem questiono outras possibilidades, essa é a verdade...)"!

Expectativas inconscientes:

- "Vamos passar o Natal na casa de minha mãe, claro, sempre foi lá..., **e agora, você vai garantir o amor que eu tanto preciso, do meu jeito – o meu modo de ver o mundo, a única verdade**"?

> **MUITO BEM. ENTÃO, VAMOS LÁ!**

No início dos relacionamentos todos nós queremos cobrir o outro com tudo o que é necessário para a conquista, e renunciamos a muita coisa. Damos, oferecemos, prometemos, juramos... Abrem-se portas de carros, levam-se a restaurantes caros, compram-se presentes, surgem alegres conversas com amigos e amigas contando que o impensado finalmente aconteceu e um príncipe encontrou sua princesa (mentira, os dois sempre pensaram). Contam até para desconhecidos nas ruas...

Afinal, tudo de bom, é o momento da conquista!

Porém...! Quando a conquista é, por fim, sentida, realizada, o homem (ele, apenas como exemplo) coloca a mão no bolso e tira uma lista:

- "Ok. Agora aqui estão as coisas que EU PRECISO. O mundo funciona ASSIM".

É apenas o cérebro primitivo trazendo as exigências dele, as **NECESSIDADES EMOCIONAIS**. Não mais as necessidades "do outro", tão importantes no início, para o momento da conquista. Algumas novas exigências, até travestidas (enganosas – irracionais) da necessidade do outro, como:

- "Eu quero te proteger, portanto, de hoje em diante, você não vai mais sair com as/os amigas/os, vou cuidar de você, por isso não vai mais usar esta saia...! - etc. etc. etc.

CHOQUE!

Momento que a mulher (ela, também apenas como exemplo) abre a bolsa e de lá sai uma enorme lista (acho que é por isso que mulheres usam bolsa – brincadeirinha). - "Sim, meu amor, quero sempre ser protegida por você, mas as regras são..., afinal, o mundo funciona "ASSADO".

CHOQUE!

Como vimos, um pouco atrás, o cérebro primitivo escolhe nossos parceiros para nos confrontar e assim permitir nosso crescimento – evolução. E é verdade. Mas em uma visão ainda superficial, inicial, parece que o tiro saiu pela culatra. Essa é a maneira de o cérebro antigo trabalhar e buscar as necessidades, ao mesmo tempo que nos confronta. É no confronto que nos é permitido crescer – se nos permitirmos aprender.

O fato é que aprendermos a lidar com as dificuldades impostas pelo outro e pela vida, se permitirmos conhecer "as outras verdades", poderemos finalmente crescer e ser feliz. O mundo é a soma de "assins e assados".

Difícil entender esse cérebro?

Ele parece confuso, é o jeito dele. No fundo não é, nós é que atrapalhamos tudo, quando não nos permitimos "amar".

É maravilhoso saber que encontramos alguém que nos ensinará (e aprenderá) a viver.

Quer ser feliz?

- Vamos "aprender a viver" mantendo eterna a paixão (antes toda emocional, agora racional-emocional) pela vida.

É você no comando.

É você merecendo.

É você amando.

Seguiremos insistindo nesse aspecto porque muitos não passam desse ponto e seguem uma vida sofrendo e fazendo sofrer. Muitos não querem aprender, ceder..., renunciar à luta pelo poder.

"AQUI QUEM MANDA SOU EU"!

E este livro está aqui para ajudar você. Não pare. Siga até o fim. Você, sua família, o mundo, todos merecem.

Ser feliz.

Capítulo **XIX**

A GRANDE DESCOBERTA APÓS A GRANDE PAIXÃO

- "Puxa. Você não quer passar o Natal com 'a gente'? Por que você mudou? Você nunca agiu assim comigo. É minha família...". Tristeza.

Em primeiro lugar, não mudou muita coisa, apenas não observavam as bem-vindas diferenças, pois havia um movimento muito forte e real, um em prol do outro, e somente algumas "verdades" ainda permaneciam encobertas.

Em segundo lugar, observe: a frase primeira foi..., "passar o Natal com a gente". Como assim passar com a gente?

- Este comentário que farei agora vale mais para depois que o casal efetivamente morar junto, vivendo junto, pois, se forem casados ou apenas sob o mesmo teto, ao que parece, "alguém ainda não saiu de casa".

Poderia ser melhor assim:

- "Nós não vamos passar o Natal com meus pais"? - Eu gostaria muito. Pois é! Têm teus pais... Como faremos, meu amor?".

Coloque em sua mente (ou no papel para treinar):

- O que você acha? Eu gostaria de... comprar, vender, sair, fazer, assistir..., E VOCÊ? Vamos decidir juntos? Dessa vez, podemos assim, depois, assado... Sempre existe a média para um casal saudável.

Porém, infelizmente e na imensa maioria das vezes, surgem algumas frases típicas da imaturidade (cerebral):

- "VOCÊ NUNCA FAZ O QUE EU QUERO"!

- "VOCÊ SEMPRE AGE DESSE MODO"!

Ideias equivocadas, usadas frequentemente, e geralmente com muita mágoa. É o cérebro primitivo emocional, ferido, sem capacidade de raciocínio (claro, ele não é racional).

NUNCA e **SEMPRE**, palavras que, lançadas em momentos assim, delatam o estado regressivo da relação. Poucas atitudes podem ser classificadas como acontecimentos que estejam presentes sempre ou nunca. São pensamentos radicais e irreais. Imaturos.

Isso é sinal de defesa primitiva. E deflagra brigas e conflitos. Geralmente é o terrível medo infantil do abandono. O cérebro atemporal apenas fazendo o que sabe:

- UM PRIMITIVO "SAUDÁVEL" LUTANDO PARA SOBREVIVER

Já havia pensado nisso? Uma estratégia de sobrevivência que acaba interferindo fortemente nas atitudes e na vida.

- O "coitado do cérebro primitivo" só está se protegendo, mas reage com "mordidas". Será que podemos controlar esse animal irracional em nós mesmos? Nós somos (estamos) esse animal irracional machucando a quem realmente amamos, apenas porque... não sabemos.

Somos confrontados, acuados e no desespero vale qualquer crítica ou comportamento negativo: atacamos, humilhamos, culpamos, ameaçamos, calamos... até agredimos fisicamente.

Aprendemos também, quando criança, que chorando bastante ao menos ganhamos muita atenção. Simplesmente, agora, adultos, usamos a mesma arma: - **BERRAMOS BASTANTE!**

Por fim, vem o desprezo, e fica muito difícil resgatar o amor. Não impossível. Não devemos permitir a chegada do desprezo e todas as consequências que nunca desejamos, nem sequer imaginávamos existir.

Muito triste este caminho.

As pessoas estão sofrendo demais, exatamente agora neste momento em todo o mundo. Muito choro enquanto você lê este livro. Sofrimento desnecessário. Raiva. Muita gente nem se dá conta do que está fazendo, até mesmo do que está passando. Não faz a menor ideia, porque essas defesas, simplesmente, não estão no mundo das ideias, mas no primitivismo. Por isso mesmo, não conseguem mudar. Seguem o enredo, mesmo quando sabem alguma coisa, até por medo de mudar.

Uma parte implora por escolhas racionais (que levarão ao domínio, ao controle e à paz), porém, outra parte, muito poderosa, apenas quer se proteger, por isso, luta e foge. Podemos sair dessa dor. Devemos.

As pessoas fazem escolhas de verdade, amam de verdade, só que persistem na vida de maneira infantil, sem perceber. Tentam desesperadamente muitas estratégias para que "dê certo" e falham em todas, porque as tentativas não respeitam nem ao menos reconhecem o inconsciente. É gente que não sabe os propósitos positivos ali inseridos e acaba saindo, deixando o relacionamento, fortemente marcada pela dor, pelo ódio e por duras emoções primitivas.

Muitas vezes esse processo leva algumas pessoas a reagir com agressões físicas geralmente provocadas pelo desespero, forte angústia no peito e uma dor que não mostra um caminho para que se libertem.

Muito triste, repito, porque esse sofrimento é totalmente desnecessário. Insisto por ser tão importante pensar nisso agora.

Faltam, em cada um de nós, treinamento e preparo mental. Falta uma estratégia de ganho. Uma estratégia de amor no relacionamento. Falta..., aprender a amar! Apreender o outro; do outro; com o outro. Aquele que o cérebro primitivo tão bem escolheu.

AS COISAS NÃO SÃO EXATAMENTE COMO A GENTE PENSA

Vivemos de lembranças construídas em nossa história. A expectativa atual, a vivência do hoje, no aqui e agora, fazem-nos reviver emoções antigas. Estamos constantemente tentando resolver velhos problemas, sem ao menos entendê-los e sequer sabermos como fazê-lo. Assim, ficamos confusos quando nos vemos cara a cara com nossos medos.

Por outro lado, enxergamo-nos adultos racionais e maduros, mas, se somos adultos racionais e maduros, por que não conseguimos, não encontramos, não "construímos" um novo caminho?

- "Por que o meu ciúme"?

- "Por que insisto em controlar o outro"?

"Racionalmente sei que exijo demais de quem amo, sei que poderia e quero ser mais leve. Quero confiar, quero aprender (e ensinar). Estou destruindo minha vida (e daqueles para quem digo amar) e não sei o que fazer. Permaneço preso no 'não consigo'. Até quando"?

Desamparo, medo de perdas, medo da morte.

Vivemos a maior parte de nossas vidas com ações automáticas (assim como caminhamos por uma rua e não pensamos em nossos passos), sem ter ideia de como colocar em prática qualquer autocontrole nas relações de afeto, e pior, sem nem saber quando é necessário esse autocontrole.

Pior ainda, e sem saber que "é possível", permanece com um grande e consciente desejo de, com algum conhecimento e treino diário, alcançar "O CONTROLE" do cérebro primitivo, por meio do cérebro racional que todos possuímos, para conseguir finalmente viver um amor, no qual se pode agradar, agradecer ao outro e principalmente a Deus.

AFINAL..., QUEM MANDA EM VOCÊ?

Repetindo o contexto, aqui com a frase lá de trás um pouco modificada: - "O que você prefere agora: ser feliz ou insistir em manter sua tola razão para o resto de uma triste, penosa e sofrida vida"?

Aprenda, de maneira suave e gradativa, a superar e abandonar a insegurança exagerada, o medo antigo, o vazio, a descrença em você e no outro. E o faça sem nunca deixar de lado a proteção positiva do primitivo saudável. Desse modo, construirá reações novas, pensadas, treinadas, para ser finalmente feliz para sempre – era essa a proposta, não?

Finalmente reações treinadas e não mais instintivas em relação àquilo que "tanto te incomoda no outro", e que iniciam tantas brigas. Brigas tolas e... "nunca necessárias". Pare de ser ranzinza! Vocês se amam – um primitivo dificilmente erra. Aceite os equívocos de um pensamento não treinado.

Utopia?

Eu adoro utopia, ela é simples para quem aprende a acreditar no impossível. É um processo difícil, requer muita energia e dedicação, mas é alcançável e sustentável se confiarmos em nossa natureza biológica positiva, e nos verdadeiros propósitos de Deus, para todos nós.

Toc Toc Toc... "Você pode me ajudar a pensar"?

Peça auxílio para um profissional, terapeuta de casal. Ele está esperando por você. Vai lá! Marque agora uma conversa. Mas..., não vá contar tudo o que o outro faz com você..., perda de tempo. Vá contar do seu amor e como está a relação. Sempre peça para que te ajude a pensar, não que te dê as respostas. Uma, duas, três sessões são suficientes para entender, "quando nos posicionamos para entender". Agradeça, sorria para o terapeuta, e volta logo para casa, ser feliz. Corra.

É simples assim?

- Claro que não.

Mas..., é simples assim.

Capítulo XX

Nossas Lindas Diferenças Nossas Belas Necessidades

Nossas diferenças também ajudam a construir harmonia. Sim. Nossos cérebros primitivos escolheram um ao outro. Eles, com a sabedoria de milhões de anos de evolução, geralmente acertam. Vamos usar essa sabedoria a nosso favor, libertar nossas forças e permitir que o cérebro novo entre em ação. Nosso grande piloto.

Quer ser feliz? - Não coloque alguém em SEU mundo, nem indique os caminhos CERTOS. Convide, apresente o que pensa, mas deseje aprender o outro. Entre no mundo dele e dê uma espiada. Vai que gosta? Pode ter coisas muito interessantes ali, e melhores do que acreditou até hoje. Cada vez mais, poderá descobrir quão grande é o universo... Bem maior do que nossa cabeça.

Antes de seguir à frente, retomemos alguns conceitos iniciais:

1. Precisamos saber que existem diferentes verdades. Convivemos e nos relacionamos com pessoas que pensam diferente, construíram ao longo da vida um modo de pensar que é único.

- Você concorda com isso agora?

- Concorda que o outro, seu objeto de amor, cresceu neste mundo construindo as próprias verdades e realidades?

- Que a história dele(a), por diferir das suas experiências de vida, muitas vezes, é diferente daquilo que você acredita?

2. Vamos reconhecer que a verdade do outro, na imensa maioria das vezes, é apenas diferente e não uma agressão. Que as diferenças vão agregar conhecimento a você, o que será extremamente benéfico para todos.

Muitas vezes, nos sentimos agredidos, sem que, em momento algum, tenha sido essa a intenção do outro. Viu. Não precisa se defender, não houve ataque. Diga isso agora, para o seu primitivo (fundamental).

Uma sugestão:

- Primeiro passe suavemente a mão em seu peito, à altura do coração, e diga assim:

- "Calma..., Calma. Agora está tudo bem. Estou começando a entender e ver uma porta de saída. Eu também amo você"!

- Feche os olhos. Repita isso algumas vezes até que o primitivo SINTA que está tudo bem de verdade (primitivo sente, não pensa). Que agora tem quem olhe por ele. O racional (racional pensa, não sente).

Ficou envergonhado?

- Não quer fazer?

- Acha tolo?

- Pois acredite! É defesa do primitivo que está se contorcendo aqui e agora. Medo de "baixar a guarda". Medo de perder (a discussão, a batalha, o amor).

Você repetirá até que "ele feche os olhos" e finalmente possa descansar. Creia, desconheço outra maneira de dominar esse "bicho" que controla você a uma velocidade de processamento equivalente a 8 bilhões de bits por segundo, contra 4 mil bits por segundo, do cérebro racional.

Aí, o primitivo grita:

- "Vai deixar esse racional dirigir enquanto eu descanso"?

- Retruque forte e firme:

- **"VOU"**!

- "Agora, primitivo, relaxe, desarme-se (um pouco), durma aí tranquilo no 'banco de trás' enquanto dirijo minha vida para um lugar mais tranquilo. Assumi o comando, e agora siga me ajudando, eu já sei, aprendi o que fazer".

3. Já que prometeu ao primitivo que agora você começará a treinar comando, confiando em sua razão, construindo novas verdades, **FAÇA**!

- Nunca desista da sua vida e felicidade e, saiba, você será sempre testado, mas, confie, afinal...,

> **VOCÊ MERECE E QUEM AMA VOCÊ TAMBÉM**

4. Precisamos sim adotar um PAPEL ATIVO:
Abrir, reprogramar nosso cérebro (nossas verdades).
Como exercer um papel ativo?

1º) Só vai funcionar se for um **DESEJO DO CASAL** – a intenção e a ação devem partir de ambos, na relação. Aqui, diferente do dito popular "quando um não quer, dois não brigam", quando um não quer, dois brigam! E muito, e sofrem, e perdem. Todos perdem. Também os filhos, os avós, os amigos, a sociedade, o mundo.

2º) Só vai funcionar se permitirem construir um **MÚTUO ACORDO**. Há uma estratégia para isso, que vou discorrer logo adiante. "Porventura andarão juntos se não estiverem de acordo"?
- Amós: 3:3

3º) Exige **ATITUDE** diária (repito, diária). Gatilhos reativos automáticos, usados por toda uma vida, não mudam como mágica, da noite para o dia. Exige treino, pedidos de perdão e mais treino. Ou você acha que um campeão "acordou e vestiu a faixa da vitória"?

4º) Só vai funcionar se for um acordo abençoado por Deus. É bom, sempre, colocar Ele no seu projeto de vida, em amor e tudo mais. Mesmo que você seja ateu (vou respeitar isso do fundo do meu coração), creia: - Ser amigo do "Cara", que é dono de tudo no universo, só pode ser boa coisa. Ok. Você pode insistir "que Ele não existe", mas, digo a você, mesmo assim, se eu me permitir, intencionalmente, acreditar não estar enganado, e me sentir de mãos dadas com **"O CARA"** (de mãos dadas com Ele, imagine) é tudo de bom. Caminhar com o Pai! Não é pouco.

A gente se engana com tanta coisa, que tal se enganar com a melhor proposta do universo?

- Feche uma de suas mãos agora, bem apertada. Cerre os olhos e SINTA que está de mãos dadas com **ELE**..., e está. Você é criação Dele! Vai ter medo do quê?

- Sim. Sou tolo e ingênuo, mas é maravilhoso ser tolo assim. Bem, esse é tema de mais um livro, depois falamos mais disso.

Decisão de amor, a bem da verdade, é um mandamento de Deus:

- "Amarás a Deus sobre todas as coisas, e ao próximo, como a ti mesmo". E vai desistir de você e do próximo? Vai que "o próximo" já está de mãos dadas com Ele? Você está perdendo tempo.

Presta atenção agora. Uma frase que pode e vai nos ajudar a enxergar o outro, de um modo bem diferente:

> **SEU COMPANHEIRO É UM SER HUMANO, FERIDO, LUTANDO PARA SE CURAR**

(leia 10 vezes)

São complexas as forças que constroem uma verdade (mentalidade). Por isso mesmo o "não julgue" também é um pensamento tão importante na história cristã e de tantas outras boas filosofias.

Portanto, sua proposição deve ser:

- **EU DECIDO AGORA:**

1º) **AMAR:**

- Uma ação, uma atitude construída todos os dias de minha vida.
- Criar um amor verdadeiro, merecedor de todo crescimento, conhecimento e intenção positiva, entre duas pessoas.

2º) **PERDOAR:**

- É importante compreender o outro e o que o faz agir da maneira que age, as escolhas que faz, o mundo que constrói.
- O perdão pode – e deve – ser colocado no automático.

Gosto de dizer que "perdão deveria vir de fábrica"! Como não vem, instale conscientemente um *software* em seu cérebro primitivo para agir pronta e "reativamente", cada vez que for confrontado. Será agora uma reação benigna. Um *drive* pronto para encontrar e ativar o *software*, assim que você se sinta agredido.

3º) **ACEITAR:**

- Que necessito me abrir e parar de me defender, sem freios, para APRENDER, crescer emocional e espiritualmente.

Note que tem algo mais aqui e não apenas as costumeiras terapias propostas, entre as mais variadas que existem. Para mim não adianta querer crescer com a ajuda do maior psicólogo do mundo..., se eu não aceito as minhas dificuldades e, principalmente, se eu não tiver ajuda e a companhia Daquele que é o maior psicólogo do universo.

Acredite. Não me refiro à religião, ela é tão somente uma maneira que você escolhe conversar com Deus. Refiro-me a uma sensação, uma ligação com o sagrado que está bem aí, dentro de você, e ajuda muito no desenvolvimento nesta vida e no infinito.

Essas decisões – amar, perdoar, aceitar – devem ser tomadas <u>mesmo antes de conhecer alguém</u>, afinal, você se prepara para a vida, para todas as relações, finalmente um ator transformado, restaurado, amado..., e capaz de amar.

Não posso esperar encontrar alguém para só, então, prevenir e começar a corrigir meus problemas, assim como não posso colocar meu carro na estrada sem que ele esteja preparado e revisado para a viagem. Porque "a viagem" aqui, em um relacionamento formador de uma futura família, filhos..., é por demais importante. E todos nós ainda temos muito que aprender e treinar.

Lembrete:

- Quem é o CULPADO?

- Nosso cérebro antigo é óbvio, afirma o racional dedurando o outro cérebro, com um sorriso no canto da boca, cara de vitorioso. Bem isso é sinal de que ele não está maduro ainda. Sobra uma pontinha de maldade.

Sim, é o primitivo que se defende de maneira irracional (claro ele é irracional); é ele quem escolhe os parceiros para resolver os problemas em nossa história (esse é o papel dele para nossa sobrevivência);

ele é a fonte de todas as nossas defesas, contra o parceiro (e faz isso muito bem); é ele quem obscurece a realidade (claro, ele apenas vê categorias, lembra-se? - Bom ou ruim, perigoso ou não); é ele o culpado por nossas reações infantis de frustração (claro ele é infantil, primitivo); é ele que nos faz chorar, criticar, fazer birra, azedar (tolinho).

Ele é apenas um animal cego, coitado, procurando água (para sobreviver, nos ajudar).

Quem é o SALVADOR?

- O nosso cérebro novo!

- Precisamos da parte que pensa. Que entende!

- Precisamos da parte que faz **ESCOLHAS**!

O cérebro novo "contará e ensinará ao cérebro antigo que está tudo bem". Tudo certo sempre, apenas precisa da nossa condução e controle.

Passe novamente os dedos da mão sobre o coração.

Faça agora, confiante..., e em paz. Diga que está tudo bem.

Ele também ficará feliz por esse movimento. Você tem um grande Pai que te ama. Você é muito importante para o universo.

E para mim!

Você não precisa reagir às atitudes e aos comportamentos automáticos que ainda não entenda, os seus ou de outros. Por hora, apenas saiba disso. Treine colocando na prática estratégias para que você nunca mais precise reagir de modo impulsivo, algumas vezes cruel para todos.

Então..., vamos lá. O que fazer então?

1. Aceite a causa primária irracional de todos os conflitos gerados até hoje. Acredito que você já entendeu esse irracional, não pensado.

2. Perdoe. Isso se torna simples se você reconhecer a dor do outro. Para mim, **COMPREENDER** é o único caminho para perdoar de verdade.

Esquecer não é perdoar e não funciona. Você sempre será lembrado do que houve, por seus mecanismos de proteção.

E disse Jesus: - "Pai, perdoa-lhes porque eles não sabem o que fazem". Lucas 23:34. E Pedro perguntou: - Senhor, quantas vezes devo perdoar meu irmão quando ele pecar contra mim? - Até sete vezes?

Mateus 18:21. Respondeu Jesus: - Não te digo até sete vezes, mas até setenta vezes sete. Mateus 18:22. Se alguém o forçar a andar uma milha, vai com ele duas. Mateus 5:41.

Esses talvez sejam os versículos mais importantes para o tema deste livro porque permitirão que infinitas portas sejam abertas (e não fechadas) "durante o seu caminho, por tantas milhas".

ENTÃO, E AGORA?
VAMOS NOS DIVORCIAR OU "VIVER ETERNAS MILHAS"?

3. Acredite: por mais que possa não parecer, ainda existe – e sempre existiu – muito amor nessa relação. Você merece acreditar em seus sentimentos. Valorizar o que sentiu um dia, no passado, e o que viveu no início da relação de amor. Não permita que desencontros e ilusões da vida e a opinião dos outros ditem suas escolhas agora mais racionais. Muitos querem mesmo seu bem, mas não sabem o que fazer, ou o que dizer para ajudar você em momentos de dificuldade. Ou acham que sabem o que é e será melhor para você. Respeite, agradeça e... PENSE.

Vamos para a parte mais fácil e que muitas vezes dá um xeque-mate na dor da relação (e coloca muitos casais no prumo)?

4. Descubra, agora, as "NECESSIDADES DO OUTRO", não mais apenas as suas. Olhe que mudança de ângulo, legal: As necessidades da pessoa que amo. Não é mágica. É a verdade daquilo que eu mais desejo para quem amo. "O que ele(a) quer e precisa? O que ele(a) gosta?

5. Conversem sobre essas necessidades. Que curioso, finalmente, um pensando no outro. Pensava no momento da paixão, mas, apenas para a conquista, na verdade, pensava em si mesmo (querendo agradar o outro). Agora a real mudança - O que eu posso fazer por você hoje, meu amor?

6. Reconheça e descarte de imediato suas necessidades mais infantis, aquelas claramente de crianças mimadas, que ambos podem até, rir juntos agora, enquanto, adultos, olham para elas.

7. Preencha todas as necessidades do outro e torne isso um hábito.

Hoje, estou atento a todas as necessidades que consigo detectar em minha esposa. Aquelas que ela diz..., e até as que não diz. Por exemplo: - sempre a vejo muito orgulhosa por se dedicar tanto à filha. Ela comemora as maiores e melhores características e conquistas da pequena, a cada dia. Então pergunto: - e os momentos da mãe, as escolhas especiais, as necessidades dela mesma, no pouco tempo que resta nesses corridos dias? E as nossas necessidades de casal? - Namoro, momentos juntos. Função casal, lembra? Também é uma necessidade dela (e minha). Sempre encontramos um momento no dia para um jantar a dois, um bom filme, uma caminhada..., boas risadas.

Esta "busca de necessidades" pode ser também criada, construída, instigada...

Um dia encontrei um desenho que ela fez na infância e que guardava uma grande história. Perguntei o que era e ela me contou sobre um não reconhecimento. A gravura ficou tão linda que a professora não acreditou que ela mesma tinha criado e desclassificou o "trabalho" que participaria de um concurso na escola. A partir dali ela desistiu (de parte dela mesma) e nunca mais desenhou.

Mandei emoldurar a gravura em um belo quadro e dei de presente para ela. Uma surpresa, nem era um dia especial. Instiguei-a então a voltar a pintar e desenhar, atividade da qual tanto se orgulha. Dei também uma tela, pincéis..., e os olhos dela brilharam. Os meus também. Mas, para isso, faça seus olhos brilharem antes, atentarem antes, "viver antes".

De um pequeno pedaço de papel (que estava dobrado, amassado e esquecido em uma gaveta) "vocês se tornam capazes" de reiniciar uma grande história, resgatando mais um bom emocional do primitivo.

8. Compreenda que a dor vai reaparecer a qualquer hora. Demora um pouco obter o resultado positivo do treino das reações automáticas, mas, agora sabemos claramente o que fazer com elas, nesses momentos.

9. Reforce sempre o compromisso nesse momento. Qual compromisso? - O maior, olhando um para o outro, um com o outro...: - **NUNCA** se separarem!

10. Por fim, peça ajuda **SEMPRE**. Um terapeuta vive profissionalmente para ajudar você.

Com esses itens, e tantos novos conceitos, terão certeza de que agora partem para um processo de crescimento. Um verdadeiro caminho para uma vida real, não a falsa onde as pessoas apenas se toleram por não saberem o que fazer, e na primeira oportunidade pulam fora. **FOGEM** – o primitivo em ação tola. Desperdício de vidas.

- "Amo tanto minha mulher que sou capaz de **MORRER** por ela"!
Lindo, porém frágil. Coisa de apaixonado. Hollywood like.
Prefira esta:
- "Amo tanto minha mulher que sou capaz de **VIVER** por ela"!
Muito mais útil. Fatos da inteligência. Talvez, um filme de aventura.
Três frases fundamentais vivas em um amor maduro:

1. - Desculpe meu amor. Eu errei. Treino de autoconhecimento. Morda a língua e diga que errou. Com o tempo você vai até gostar de falar isso. Veja amor, sou normal e não preciso mais posar de super-herói para você. Eu falho. Perdão.

2. - Eu sei que machuquei você. Reconhecer que feriu o outro é um importante passo para obter empatia. E peça também perdão a Deus: "Perdoe-me Deus pelo que fiz". Sim, você machucou a(o) filha(o) do Cara. Peça desculpa para Ele, também.

3. - Eu te amo!
- Essa..., já como um sentimento maduro..., nem precisa explicar.
Pense **SINCERAMENTE**:

> **ALGUÉM COMEÇA UMA RELAÇÃO COM VONTADE DE DESTRUÍ-LA AO LONGO DO CAMINHO?**

Não responda!
Não responda!...
Apenas..., pense!
E vá lá agora..., encontrar desenhos amassados e esquecidos em fundos de gavetas. "Acorde todos eles".

Capítulo **XXI**

Lista de Ajustes de Necessidades e Transformações

Nossa, este título dá medo. O primitivo está pronto para jogar esse texto longe, mais uma vez. Não, não jogue (ainda). Experimente mais um pouco, não dói (muito). Tenha sempre muito carinho por sua história, seus sofrimentos e seus medos. Todos nós temos dificuldades. Acredite, vai dar certo! Ou você acha que eu cheguei ileso até aqui?

Alguns dos assuntos que venho desenvolvendo até hoje foi-me inspirado, em parte, no livro "Todo Amor do Mundo", escrito por Dr. **Harville Hendrix**[2], e a lista que mostrarei logo adiante é uma versão de um dos muitos exercícios propostos por ele. Você também pode reescrever essa lista de outra maneira, acrescentar itens da sua realidade, pois esse treino expõe muitas das nossas fraquezas e estimula a procura de soluções para que possamos cobrir nossas necessidades – e as do "outro". Fique à vontade em reproduzir esses tópicos, não há plágio, porque são questões plenamente humanas e, portanto, abertas ao exercício diário para todos nós.

Antes de ler este rol de situações, lembre-se que o primitivo, por defesa – por medo inconsciente –, teimará em adiar; procrastinar; postergar; pensar em outra coisa, inventar uma desculpa para não fazer

---

[2] Dr. Harville Hendrix é PhD em Psicologia e Religião pela Escola de Teologia na Universidade de Chicago. É criador da Imago Terapia de Relacionamentos, dedicada exclusivamente a casais.

nada; sem mais nem menos você descobrirá compromissos inadiáveis, exatamente agora que você "queria tanto", começar esse novo projeto de vida, para ser feliz.

Você sabe o que quer, mas há coisas que começam a acontecer, porta de armário cai, box de banheiro explode sozinho..., e você precisa consertar urgente. Eu sei, eu sei. Culpamos os outros, as coisas, como crianças assustadas, e usamos todas as defesas do ego, tão bem descritas por Freud, pai e desenvolvedor da psicanálise, para "fugir (e não lutar).

Algumas vezes até adoecemos de verdade, por isso mesmo um bom médico precisa descobrir, por trás de toda doença, qual é o ganho secundário possível. Isto é, o que ganhamos com os males que nos impedem de fazer o que deveríamos fazer?

- Às vezes, a febre aprende que é a única maneira de ganhar a atenção dos pais (forte isso, e real); não ter terminado um trabalho;...

Sem saber, ardemos em febre por toda a vida, enquanto médicos ministram antitérmicos e pedem exames que nunca darão nenhuma resposta, pois o sofrimento não aparece em ressonância magnética. E, assim, não crescemos em nossas vidas.

Simplificando. Não poucas vezes, nos vemos pensando (sentindo) algo assim e atuando de acordo com o que "sentimos".

- "Não, não. Não tenho nada a ver com isso".
- "Não posso fazer nada".
- "A culpa é sempre dela(dele)".
- "Faço tudo que posso e não adianta".
- "Espero que o mundo melhore e alguém faça alguma coisa".
- "Quem tem que resolver esses problemas são políticos, padres, professores..., enfim, os outros, nunca 'eu'".
- "Sim, é um problema de educação. E como não sou da área..."

E aí?

- Você se encaixa em um desses itens acima?
- Tomara que não, mas, se sentir um leve impulso que seja, por algum deles, pare. Pense. Decida o que quer fazer para sua vida. É natural que tenhamos certezas..., contudo, precisamos saber que outros também têm certezas e vivem diariamente com elas. Precisamos

compartilhar a vida em amor incondicional mesmo com nossos frágeis conhecimentos e pobres "verdades".

Precisamos aprender a não sermos dependentes da maturidade do outro. O foco é e sempre será a nossa, a minha IMATURIDADE.

> **AVALIE AQUI SUA LISTA DE AJUSTES PARA UMA VIDA MELHOR**

Esta lista é sua porta de entrada para ser feliz. Acredite.

Oportunidade real de construção para uma satisfatória relação de amor e <u>uma maneira de identificar problemas que não enxerga</u>, dia após dia.

Como fazer?

Transcreva a lista em duas folhas e entregue uma ao seu par.

As frases estão todas no presente, considerando já serem uma realidade – o cérebro gosta disso, se já é verdade, perde o medo, assume o propósito e facilita pensar sobre, ao mesmo tempo que comunica ao primitivo que "está tudo bem".

Escrever iniciando com "sinto que..." Isso importa porque é a linguagem do primitivo – emocional.

Sozinhos:

- Leiam, releiam e avaliem cada afirmação da lista.
- Marquem com um **XXX** dois itens mais sérios que encontrarem.
- Sublinhem e resolvam imediatamente aqueles que considerem mais fáceis. Afinal, problemas a menos.
- Peçam ajuda profissional para os temas que admitam bem complicados de resolver. Insisto, terapeutas de família existem, e estão aí para ajudar "vocês".
- Um grande **SIM** naqueles que já são boas realidades em suas vidas.

Agora atuem juntos, como um time – uma família:

- Calibrem onde concordam ou não com o que o outro marcou.
- Escolham por qual querem começar a pensar, debater e trabalhar.
- Façam um acordo de como agir para cada item eleito.
- Acrescentem temas que reconheçam estarem faltando.

LISTA DE AJUSTES DE NECESSIDADES E TRANSFORMAÇÕES

- Lembrem as necessidades profundas de cada um.
- Por fim, não percam a lista de vista. Fixem-na em locais que possa ser lembrada e revista, todos os dias. Sei que novamente surgirão desculpas para não a realizar e, até mesmo, esquecê-la.

Coragem. Funciona.

Agradeçam a **Deus** pela oportunidade de desenvolvimento e correções necessárias, para **os dois**.

A LISTA (busca por excelência, do casal, em cada tema).

- ☐ Sinto-me bem comigo mesmo(a) – autoestima.
- ☐ Sinto-me confiante e seguro(a) em nossa relação.
- ☐ Sinto-me aberto(a) e disponível.
- ☐ Consigo argumentar com tranquilidade minhas ideias.
- ☐ Consigo ouvir os argumentos de todos, em casa e fora dela.
- ☐ Sei elogiar as boas qualidades de todos, em casa e fora dela.
- ☐ Sei criticar com carinho e sou ouvido(a) (mesmo sem a razão).
- ☐ Sei receber críticas.
- ☐ Resolvo nossos problemas pacificamente.
- ☐ Procuro tomar juntos as decisões mais importantes.
- ☐ Vejo a mim como bom(a) companheiro(a).
- ☐ Sou cooperativo(a) e organizado(a) em casa e fora dela.
- ☐ Estou disponível em um tempo adequado (e possível).
- ☐ Tenho meus momentos de independência e isolamento.
- ☐ Sinto-me saudável, fisicamente ativo(a) e atento(a) à estética.
- ☐ Minha atividade sexual é satisfatória.
- ☐ Estou atento à satisfação sexual do meu parceiro(a).
- ☐ Tenho uma boa atividade intelectual.
- ☐ Admiro a atividade intelectual dele(a).
- ☐ Tenho carreira e horário que me satisfazem.
- ☐ Tenho programado ou já alcancei segurança financeira.
- ☐ Sou pai(mãe) cooperativo(a) e participativo(a).
- ☐ Sou um bom exemplo para os meus filhos e eles são felizes.
- ☐ Tenho contatos razoáveis e saudáveis com meus pais.
- ☐ Tenho contatos razoáveis e saudáveis com meus sogros.
- ☐ Tenho bom humor e proporciono aventuras e novidades.

☐ Eu me divirto com ele(a), com amigos comuns e em separado.
☐ Tenho uma visão política afim e respeito diferenças.
☐ Tenho uma visão religiosa afim e respeito diferenças.
☐ Interesso-me satisfazer as necessidades dele(a).

FINANÇAS – uma das maiores causas de brigas, separação e divórcio detectada por pesquisas em todo o mundo. Entretanto, oportunidade gigante de crescimento e independência.

Todos nós temos diferentes maneiras de lidar com o dinheiro. E é necessário a disposição para conversar, conhecer um ao outro, nesse aspecto, e montar o orçamento doméstico. Avaliar as necessidades prioritárias de cada um, para a casa e a família. A falta de preparo para equilibrar esses pensamentos, principalmente em uma vida a dois, merece que olhemos bem de perto para ele.

O que você acha?

Detectem juntos, aqui, onde vocês se encaixam, quais as características de cada um e corrijam os extremos, antes que o mundo "corrija vocês". Sem briga!

Sou:

☐ Rigoroso, pão-duro para alguns, mão de vaca para outros.
☒ Controlado, penso no futuro, gosto de poupar.
☐ Desligado, não cuido, não penso muito no momento presente.
☐ Gastador, sei que sou infantil, mas nem penso muito nisso.
☐ Inseguro, descontrolado e sofro sempre com dívidas.

Dessa lista, **MARQUE** qual é a melhor situação para a saúde financeira da família e a segurança futura para todos. Onde você quer estar?

- Olha lá, de novo, já marquei para você (sou um mau exemplo).

Claro que às vezes precisamos relaxar um pouco, nos presentear com prazer, gastar um algo além, até mesmo arriscar.

Uma compra que pode posteriormente se mostrar engano, um investimento ruim, tudo isso, faz parte da história de uma família equilibrada com dinheiro. A crítica aqui é o "não pensar", ser persistentemente irresponsável diante da vida.

Os riscos fazem parte do jogo. Quanto mais cedo (mais jovens) acontecer um problema, mais tempo terão para se recuperar. Já uma família com mais idade, cuidado.

Prudência em relação ao futuro. Ele chegará sim.

Mas, para tantos detalhes sobre "ponderação", existem muitos livros e autores que auxiliam nessas áreas. Não precisamos nos aprofundar nesse assunto aqui.

Ou precisamos?

Capítulo XXII

Tantos Livros – Tantos Temas

No final deste capítulo, você encontrará uma pequena lista, alguns dos livros que li em minha vida, à busca de equilíbrio nos relacionamentos por mim vividos, entre tantos mais que "naveguei" na tentativa de aplacar minha curiosidade sobre quase tudo.

Curiosidade é característica que, uma vez iniciada, nunca se acaba. É terrível dizer isso, mas, quanto mais você se alimenta de informações, mais fome você tem, porém, aqui no corpo deste texto, citarei apenas algumas ideias que considero importantes. Elas constam em outros ótimos escritos, a fim de ajudar a defender alguns pontos de vista, os quais considero fundamentais, para o tema relacionamento de casal.

Não há assunto mais importante do que outro, porque, em nossas múltiplas realidades e verdades, uma informação pode ser fundamental para ajudar fulano e irrelevante para ciclano.

Vamos agora, juntos, com o livro **"LINGUAGENS DO AMOR"**[3].

Certa vez, quando terminei de proferir a palestra **AMOR, CÉREBROS E ESCOLHAS**, aproximou-se um amigo que assistia e perguntou se eu já havia lido esse livro. Eu não conhecia e não fazia ideia do que tratava o "Linguagens do Amor".

---

[3] Gary Demonte Chapman atua como conselheiro de relacionamentos. É autor de uma série de livros intitulada como 5 Linguagens…, no caso aqui é apresentado como referência, As Cinco Linguagens do Amor. É titular da empresa "Marriage and Family Life Consultants, Inc." Tem um programa de rádio sobre casamento que vai ao ar em mais de 100 estações e pode ser ouvido na internet.

Antes que eu comprasse, ganhei dele um exemplar. Prontamente, comecei a ler e foi uma aventura com muito significado para mim, porque ali descobri faltas importantes em minha vida (viu..., como também as tenho?).

O livro expõe que existem maneiras distintas que cada um aprende, durante a vida, para demonstrar o amor que tem e reconhecer o amor que o outro sente por nós. Algumas delas compartilhamos quando coexistem em uma relação, e outras são diferentes e próprias de cada um. O autor elencou cinco principais que, sem darmos conta, utilizamos em todo momento, uma ou mais de uma delas. Quando coincidem, tudo bem, nem percebemos, pois vivem dentro da nossa habitualidade. Utilizar a mesma língua não causa ruído na relação, mas, se não coincidem..., não tarda para começarem os problemas.

São atitudes, ações, palavras e gestos, ou a ausência deles, que utilizamos para dar ou receber amor (sem nos darmos conta disso).

Como são diferentes para cada um, podemos pensar que sim, entregamos todo nosso amor, contudo, o outro não recebe, não consegue sequer perceber, pois não reconhece nossa maneira, nossa linguagem. Não "enxerga como, de que maneira a gente ama".

O outro me ama muito, mas "do jeito dele(a)", na linguagem dele(a). Não consigo nem ao menos me sentir importante, tampouco amado. Ele(a) faz, eu não vejo, não sinto, não me sinto amado(a).

O amor existe, porém, se perpetuarem as falhas na comunicação desse amor não poderá dar certo.

O AMOR TERMINA E NÃO SE SABE O PORQUÊ

As pessoas vão embora apenas, porque não conseguem nem falar, nem ouvir do amor que tanto sentem. Por mais que quisessem, e por mais que tentassem, elas não entregam e não recebem.

QUAIS SÃO ESSAS LINGUAGENS?

1. Qualidade de tempo que passamos com o outro.
2. Contato físico com valor, não apenas um selinho habitual.
3. Elogio e afirmação do outro, em importância e intenção.
4. Formas de servir ao outro e ao mundo e não apenas ser servido.
5. Dar e receber presentes. Esse nem precisa explicar.

Começando pelo último. Você cresce em um lar onde dar e receber presentes reflete um modo de demonstrar carinho e amor aos outros, e passa mais tarde, na sua vida, a conviver com alguém que não tem essa linguagem. Ama muito você, apenas não vê sentido em presentes.

Imagine a cena:

- Você muito feliz escolhe e dá um presente. O outro simplesmente ignora ou responde com um sorrisinho sem graça. Você sente uma dolorida mágoa e fica triste porque esperava o grande reconhecimento do amor que ia junto com o presente. "Afinal, isso é o certo"! Você pensa.

Sempre foi assim, em sua família.

Pior. Você também esperava um presente, em troca, como sinal desse grande e verdadeiro amor e..., nada acontece.

"Nossa! Ele(a) não me ama".

Tema real e verdadeiro para cada item ali proposto.

As pessoas amam sim, mas não alcançam ou sequer entendem a profundidade do problema e ainda relevam o que sentem de ruim, porque amam, mas a relação vai sendo minada dia após dia, enquanto não colocarem as diferentes linguagens em questão e não se proputerem a aprender um do outro. Com o tempo passam a acreditar que não são amados de fato pelo outro. Pior, e sem muitos atritos, que poderiam chamar a atenção para o problema, a relação termina, sem muita explicação.

"Sei lá o que aconteceu. O amor acabou. Não devia ser muito forte mesmo". Você já ouviu ou passou por algo assim?

A primeira vez que li aquele livro entendi que deveríamos identificar as linguagens de cada um na relação e treiná-las até aprender. Assim passaríamos a buscar e usar a mesma linguagem, mas apenas um deveria aprender a do outro, e nada mais.

Uma visão reducionista, simplista do problema.

O fato é que devemos conhecer para treinar e usar **TODAS** as linguagens, todo o tempo, todos os dias. Mesmo antes de "estar com alguém". Isso é investimento no amor! É permanecer atento ao outro e a si mesmo.

Jesus portava todas as linguagens do amor. Bem, Ele é especialista no tema, nós aprendizes.

Para contar um pouco da minha vida, dar presentes, definitivamente, não era a minha realidade, então, nem pensava em dar presentes, e quando recebia queria ainda saber por que, perguntava quanto custou, e sutilmente, às vezes, nem tanto, eu reclamava. Você logo descobrirá por que.

Cresci com pouco contato físico, pois estava sempre cercado de pessoas..., femininas. Três irmãs, mãe, avós, empregada, amigas de minhas irmãs..., e todas ali acreditavam que menino é: rua, sujeira, suor..., e menina é: talquinho, perfume e roupinha limpa.

Isso também é, em parte, verdade, principalmente quando eu chegava da rua, do futebol, das brincadeiras...

Mas, cresci sem tônus, contato, calor... "Ui, ele tá suado".

No que se refere à qualidade de tempo, nem qualidade nem quantidade satisfaziam minhas necessidades. Em casa, cada um corria de um lado para outro e minha amada mãe tentando dar conta de todo mundo. Às vezes, eu me via sendo "devorado" por um pulôver, que minha mãe vinha me agasalhar, sem falar nada, só porque, ela..., estava com frio.

Meu querido pai, médico obstetra, nunca estava em casa (quase), e quando estava era para descansar, dormir rapidamente, o sono dos justos, "cinco minutinhos", como falava, antes de novamente sair. Lembro-me, bem criança, eu me deitava ao lado dele, nesses poucos minutos de descanso, quando ele ainda dormindo "arriava a perna em cima de mim". Nossa! Era pesado, mas eu ficava ali quietinho até ele acordar... e novamente ir embora, geralmente sem falar nada.

Não poucas vezes ele dedicava um tempinho para "nos educar", sobre alguma queixa de minha mãe. Até que aqui tinha um "contato físico". Tenso. Intenso!

Elogios e afirmação?

- Nem pensar!

Meu pai construiu uma teoria própria, se me elogiasse eu não me esforçaria tanto. Em parte, ele tinha razão, porque fiquei uns bons anos de minha infância e juventude esforçando-me além da conta, tentando provar que eu valia alguma coisa para ele (e para mim e para o mundo).

Eu estudava muito, tirava notas ótimas, com boas qualificações, e quando tentava mostrar isso para ele mal balançava a cabeça, não falava nada e já partia para outro assunto com alguém que estivesse por perto.

Eu não entendia essa conduta. Uma dor imensa jogava minha autoestima cada vez mais para baixo. Certo dia um amigo do meu pai me elogiou muito. Disse o quanto meu pai se orgulhava de mim e como contava para todos as minhas conquistas. Eu já era adulto.

Perguntei àquele amigo, porque meu pai nunca falava isso para mim. Ele respondeu: - "Claro que não! Se ele te elogiar você vai achar que não precisa se dedicar tanto". Foi assim que, absolutamente espantado, descobri a teoria "paternal". Ele tinha parte da razão, porque de fato me esforcei muito na vida. Mas a um preço emocional muito alto.

Um sofrimento permanente me fez mal, durante muito tempo afastou-me dele, por muitas vezes, e só não foi pior porque busquei outras fontes de reflexão e aprendizado, sobretudo, para a vida. Eu poderia fazer o mesmo com meus filhos, afinal, foi isso que aprendi, verdade? - Não! Eu pensei, refleti e construí meus próprios pensamentos. Claro que erro também, mas estou atento – intencional com a vida. Isso também é SUPERCONSCIÊCIA. Toda história faz parte do crescimento necessário.

Os livros foram companheiros muito fortes e ainda são até hoje. Há uma riqueza sem fim nos livros. Há uma beleza infinita na vida. É preciso aprender a "enxergar" (e sentir).

Passei a entender meu pai, as convicções e a história de vida dele, no entanto, acho que eu teria produzido muito mais com um pai que demonstrasse todo estímulo e orgulho, a meu lado. Será?

- Nunca saberemos.

Há muito tempo aceitei minha família da infância exatamente do jeito que era, e ainda é, e a vida que Deus reservou para mim (Ele sabe o que faz). Nossos pais são os pais possíveis. Nossas histórias nos constroem, mas nunca sem nossa permissão. Cada um de nós decide o que fazer com a vida que recebe. Essa é a mágica.

Desse modo, mesmo sem conhecer o livro citado neste capítulo, aprendi na vida a elogiar e a viver qualidade no tempo. Aos poucos corrigi algumas dificuldades do contato físico e descobri que eu não era sujo nem doente – por ser menino, por ser homem. Que suar é normal, suar bastante em alguns bons momentos, como dançar, ok, também, mas sempre evitei dançar por medo de suar, o que fatalmente aconteceria, e correr o risco de ver a cara de nojo na companheira de dança. Trauma? Tolinho.

O ato de servir sempre esteve em mim. Creio que foram tantas revistas de super-heróis que essa linguagem não foi difícil absorver. Tive sempre cuidado de servir, para dar amor e ver alguém feliz e não para "comprar amor". Apesar que era o que eu mais queria.

Carência? - Muita! - Que foi trabalhada a duras penas. Atualmente, nem me vejo mais roendo as unhas, e não foi porque minha doce tia queria colocar pimenta nelas, eh eh. Eu não precisava de pimenta quando criança, precisava de abraço.

Estou escrevendo isso tudo aqui só para mostrar que sou uma pessoa comum. Tive a vida parecida com a de milhares de pessoas no mundo e todos com as dificuldades próprias. Mas, nunca desisti de lutar, aprender para compreender o que se passava. Se algo eu sempre pude fazer por mim, você também o pode, por você, dentro de suas necessidades e da sua história.

Juntos, somaremos nossas experiências e repassaremos a muito mais pessoas, finalmente alcançaremos um mundo melhor.

E a história inicial de dar e receber presentes?

Bem. Se eu consegui, de modo bem sucinto, demonstrar as faltas que outras linguagens do amor fizeram em minha vida, vou agora falar sobre mais essa.

Minha mãe sempre comprava roupas para mim, mas não eram presentes e nunca apenas para mim. As saídas aconteciam em bando, compras coletivas. Todo mundo junto. Quatro filhos.

A experiência de ganhar calça, camisa, mas ter que esperar horas, para que três irmãs experimentassem dezenas de roupas e decidissem o que queriam, não era fácil. Lembro-me de me sentar algumas vezes no meio fio de uma calçada, à frente da loja, e ali esperar por muito tempo, pensando na vida.

E meu pai?

Bem, apesar de tantas faltas em diversas linguagens, ele me dava presentes. Era a maneira de ele demonstrar amor. Apanhei muito quando criança, e algumas vezes ele descobria, pouco depois, que eu não tinha nada a ver com aquela confusão. Quatro filhos..., bate no primeiro que vê pela frente e está tudo certo.

Então, para compensar o equívoco, ok, aconteceu. - "Vamos sair e comprar alguma coisa para você; vamos num cinema". Certa vez, brigou com uma mulher em uma bilheteria, pois, já era tarde e ela não queria vender o ingresso, àquela hora, não era permitida criança, mesmo acompanhada de um adulto.

Tempos depois, com treze anos de idade, meu pai "sacou" o cinto da calça. Eu estava em pé, bem à frente dele..., também tirei o meu. Ele parou, ficou olhando para mim, e... eu para ele. Então, ele vestiu novamente o cinto, e eu o meu.

Depois dessa, meu pai nunca mais me bateu. E nem disse nada.

Mas a ausência física, corporal, relacional..., "*dialogacional*" (ui), permanecia. Sempre foi uma dor para mim.

Com quatorze anos, propôs me dar um carro, e eu ainda queria apenas um abraço, uma boa conversa, um passeio só nós dois. Aos dezesseis, me convidou para comprar uma moto..., para mim (?). Eu não pedi. Curioso foi ao entrar na loja, ele, dirigindo-se ao vendedor, saiu-se com essa:

- "Boa tarde. Eu vim comprar o atestado de óbito do meu filho"!

- Mais uma vez, eu só queria um abraço. Ok..., um elogio também!

"Dar e receber presentes" era a linguagem de amor do meu pai, mas a quantidade de ruídos que acompanhava os presentes tornava muito difícil compreender naquela época. Hoje entendo, compreendo, perdoo e agradeço todo o esforço que foi possível para ele e a minha mãe demonstrarem amor para mim e minhas irmãs.

Agora somos muito amigos (mesmo que ele já tenha morrido). Minha mãe também já foi embora, mas não sem saber o quanto eu a amei, respeitei e agradeci por todo esforço dela possível.

- "Ok, Pai. Amo você, reconheço e agradeço muito por toda a vida que me proporcionou; todas as batalhas que acreditou travar por mim e pela família"!

- Não fique aborrecido, ou triste, com os comentários neste livro, porque representam, tão somente, a maneira com que a criança que fui, viu sua vida. Sei que trabalhou muito, além do que devia, nos amou e nos ama do melhor modo que soube produzir.

Sou testemunha dos mais de dez mil partos que realizou na cidade, nas madrugadas sem fim, das vezes que voltou para casa trazendo galinhas vivas como pagamento recebido, elas, sujando o porta-malas do carro e, mais, valorizo tudo o que construiu e conquistou em sua vida.

Declaro aqui, meu pai, como se em alto e bom som:

- Conheço seu caráter, tive e ainda tenho a honra e o orgulho de viver como seu filho. Há muito aprendi a reconhecer também o esforço possível de minha mãe, a mulher que você escolheu para compartilhar por tantos anos, sua vida. Vocês foram pais maravilhosos, pais possíveis. Obrigado meu pai, obrigado minha mãe!

Afinal, Deus não disse que seria fácil, mas que valeria a pena e valeu. E vale!

Na realidade vivida, naquela história, como eu poderia ter em mim o "dar e receber presentes" por uma linguagem de amor?

Após ler o livro sobre esse tema fiz um esforço (ativamente) e passei a dar presentes, ainda mais, aprendi também a receber e agradecer. Aprendi a ser merecedor dos presentes que recebo. Isso também se tornou verdadeiro em minha vida, para todas as outras linguagens.

Marque agora, na lista abaixo, a linguagem de amor que você já domina e a que falta ainda aprender. Comece a pensar, planeje o treino que fará para cada linguagem, e faça. Vale muito a pena.

Parafraseando e adaptando Gary Chapman (1997), apresento o que é considerado importante nas relações pessoais, segundo o livro dele, As Cinco Linguagens do Amor.

☐ Tempo com "qualidade" na relação.
☐ Contato físico afetivo – e efetivo.
☐ Elogio e afirmação estimulante, motivadora, real.
☐ Maneiras de ser útil, servir, compartilhar.
☐ Dar e receber presentes de modo autêntico.

Escreva agora, para cada frase, mais uma vez, um grande **SIM**!

- Reservo um tempo razoável com quem amo e dou muita atenção.
- Tenho como hábito tocar, acariciar e abraçar com carinho e cuidado.
- Esforço-me em sempre elogiar e reconhecer as qualidades do outro.

- Estou sempre de prontidão para ajudar com as necessidades dele(a).

- Sei e agrada-me muito, sempre, dar e receber presentes a quem amo.

- **SIM**! Aqui estou eu, mais uma vez, respondendo por você.

Então:

- O que ainda não for uma realidade em sua vida, tome rumo!

- E rápido!

Em Tempo:

- "Não use as eventuais "faltas" aqui detectadas, e em qualquer lugar deste livro, para iniciar uma discussão, uma briga, cobranças tolas do passado. A vida começa hoje, e é para a frente. Sempre para a frente.

Capítulo **XXIII**

MAIS UM LIVRO

Encontramos nosso papel dentro dos limites do "AMOR E RESPEITO", livro de Emerson Eggerichs[4].

Muitas são as informações oferecidas nesse livro. Alguns aspectos chamaram-me mais a atenção para o tema que venho tratando aqui. E, em dado momento, surgiu uma pergunta:

- "Quantas vezes teclamos um interruptor de luz mesmo vendo que o foco insiste em ficar apagado?"

Eu acrescento:

- Nós fazemos isso?

- Se a resposta a essa pergunta for um não, não teclamos, então..., por que repetimos determinado comportamento numa relação, mesmo vendo que nunca funciona e ainda gera sofrimento e dor?

- Insistindo, para não deixar barato, sendo mais direto:

- Você fica sem parar teclando o interruptor de uma lâmpada que não acende?

- Não, verdade?

- Então, por que não faz as mudanças de comportamento necessárias e continuamente volta a praticar o mesmo erro?

- Curioso, não é mesmo?

- Esperança que um dia acenda a luz (que o outro mude).

- Afinal, sou "quem manda nessa casa" e esse foco vai acender nem que seja no tapa (o outro que mude – ou se mude).

---

[4]Emerson Eggerichs é mestre em Comunicação pelo Wheaton College, mestre em Divindade pelo Dubuque Seminary e doutor em Psicologia Familiar pela Michigan State University.

- A resposta que dou a essa insistência é, simplesmente..., NÃO PENSAMOS (não está no consciente), apenas agimos primitivamente pelo aprendizado prévio na vida.

Se você aprende algo de maneira errada e repete constantemente o mesmo erro, ele passa para o automático, e se não acontecer algo interno ou externo para você parar de agir assim e mudar o que faz, o erro e o dano..., vão longe (e o foco nunca acende). Nada muda.

O livro chama isso de **CICLO INSANO**. Prefiro chamar de "espiral destruidora", porque em um ciclo ocorre permanente volta sempre ao mesmo lugar. Já, a mesma atitude, constantemente aplicada desse modo na relação, produz uma espiral lesiva até a frustração total. O ciclo sempre volta ao mesmo ponto, uma espiral, ao retornar, alcança um nível diferente. No caso pior, até a separação, "inevitável", "o foco é louco...".

Ambos, homem e mulher, precisam de amor e respeito (leia mais uma vez). Porém, o autor afirma que homem precisa sentir-se mais respeitado, e a mulher, mais amada. Isso é muito significativo no início do relacionamento e aos poucos esse encanto vai se desfazendo. Diminui para a mulher a sensação de ser amada, e para o homem, a sensação de ser respeitado, por muitos motivos conscientes e inconscientes.

Chega então o dia em que o homem, por não mais se sentir respeitado, **NÃO** consegue demonstrar tanto e tão bem o amor que tem. E a mulher, por não mais se sentir amada, **NÃO** percebe o quanto não o respeita. E aqui os problemas maiores têm início.

Bem, é um aparente desamor e aparente desrespeito. Afirmo, "aparente", porque o amor ainda existe e muito. Você já sabe onde vai dar isso, essa espiral, se não corrigirem, não é mesmo?

- Se nada acontecer para "acordar" a ambos, será destruída a relação, pouco a pouco, entre choros e muita dor.

Para resolver esse caso, coloco a seguinte pergunta:

- "Pense! Como era no início do namoro"?

E o Homem responde:

- "Ah..., sentia-me respeitado e demonstrava todo meu amor. Ela me elogiava muito a todos que conhecia, estava apaixonada".

A Mulher:

- "Sim..., sentia-me amada todos os dias e o respeitava muito por isso e por muito mais. Ele abria porta do carro e da casa para mim, perguntava até qual parte do céu eu queria, e me daria".

Claro que não precisamos (e não vamos) viver apaixonados e acredite, não seria bom, muito menos útil, mas, os sentimentos do início do namoro ainda estão guardados em nossa memória, e mais, nem tão adormecidos. Apenas esperam a hora para serem trazidos à tona e mostrar que estão..., bem vivos.

Vamos produzir uma espiral no sentido contrário, uma espiral do amor, de um amor verdadeiro?

- Como fazer isso?
- Como agir – reagir – agora?
- Atitude do Homem: - Pense (coloque em sua cabeça):

"EU SEI QUE SOU RESPEITADO E AMADO"

- Então, mesmo que às vezes eu não me sinta respeitado, seguirei demonstrando todo o meu amor.

- Atitude da Mulher: - Pense (coloque em sua cabeça):

"EU SEI QUE SOU AMADA E RESPEITADA"

- Então, mesmo que às vezes eu não me sinta amada, vou respeitá-lo com todo o meu coração.

Desse modo existe futuro!

No amor não existem pessoas certas e sim pessoas que lutam para dar certo. Nunca espere perfeição. Acredite no amor e faça isso, sem limites. Afinal...,

FELICIDADE É ALGO QUE SE APRENDE NO CAMINHO

Por pensar em algo que "se aprende no caminho", boas lembranças, do passado que o casal viveu, sempre que estiveram juntos, ajudam também nesse processo de resgate do amor (amor de hoje, lembrado pelo amor lá de trás). Principalmente porque, é fato, que ao longo da vida esquecemos coisas importantes, sentimentos que trouxeram muito bem-estar. Por isso, e porque o cérebro primitivo tem a qualidade de ser atemporal, podemos agora resgatar as belas histórias guardadas na memória. Resgata a sensação de bem-estar e segurança logo que reunimos algumas agradáveis memórias.

Por exemplo, quando sentimos o cheiro de grama molhada, isso ativa imediatamente, em algumas pessoas, lembranças da infância, deliciosas tardes passadas na casa dos avós, observando-os tranquilos a cuidar do jardim. Isso traz paz, porque uma maravilhosa emoção ressurge no coração.

Então..., vamos lá. Como reascender nossas boas emoções do passado na relação de amor?

- Bem, posso contar o que aconteceu com um grande amigo e a esposa, há alguns anos, em um encontro de casais. O preletor, logo que terminou uma das apresentações, pediu para que cada pessoa na assistência pegasse um pedaço de papel em branco e uma caneta. Teriam, ali mesmo, alguns minutos para listar 12 qualidades que admiravam no(a) companheiro(a). Ele me contou que depois do susto, por tão difícil tarefa, o pastor disse que daria uma dica, para que buscassem tais informações, lá no passado, quando conheceram um ao outro. O que lá atrás, pensaram e sentiram um do outro, o que contaram para amigos, família..., os elogios e afirmações, sonhos e desejos.

12 qualidades? Pensou imediatamente (rápida reação primitiva de medo) impossível, 12 qualidades?

- Olhou para a esposa e percebeu nela a mesma cara de surpresa. Riram e disseram quase que ao mesmo tempo:

- 12? - Kkkkk. Vamos ver. "Podem ser defeitos"?

- É mais fácil, ele pensou..., pensaram os dois!

Interessa contar que exatamente naqueles dias ele e a esposa não estavam passando por uma fase lá muito boa no casamento. Os sentimentos estavam um pouco confusos, alguma tristeza, cansaço, talvez. Então, escrever uma lista com 12 qualidades naquele momento seria um pouco difícil, não impossível, mas...

Porém, com a dica de <u>pensar como foi no passado</u>, o que eles lembravam, do que viverem..., hummm, talvez?

O fato é que ele conta que olhou para aquele pedaço de papel em branco e pensou..., Jezuizinho..., "Help... us"!

Logo, a memória ajudou e ele escreveu a primeira palavra que veio à cabeça. Ela era (é) muito bonita..., depois outra. Inteligente..., e assim, foram todas: - dedicada... Em pouco tempo lá estavam escritas as 12 qualidades da esposa. Foi até fácil, disse. Prestou atenção, enquanto relia, para verificar se não estava apenas se enganando, para simplesmente "cumprir a tarefa" dada pelo pastor.

Depois leu novamente e viu o quanto eram verdadeiras. Ele estava de fato contando a próprio cérebro primitivo que estava tudo bem. Ele não precisava defendê-lo. Realmente pensava, acreditava com o próprio cérebro novo tudo aquilo, sobre a esposa. - ...responsável, carinhosa...

À tarde, em um tempo diferente e posterior, a segunda parte da tarefa. Sentarem-se um diante do outro para ler as 12 qualidades (não valia defeito, apenas qualidades). Foi o que fizeram. Estavam no quarto do hotel, foram até a sacada, sentaram-se – os dois com cara de bobos – um de frente para o outro. Uma paisagem maravilhosa, o mar..., e..., **QUEM COMEÇA?**

Para contar a verdade, ele diz que não lembra quem começou a ler a lista, no entanto, foi uma experiência fascinante. Poder expressar o que sentia (estava tudo ali, escrito – mais fácil, menos medo). Ele lembra bem a sensação prazerosa ao ouvir a relação das 12 qualidades dele, que a esposa descrevia, tão docemente.

Não é questão de massagem no ego, ele reforça, mas reconhecimento um do outro, uma verdade maravilhosa vivida, e naquele momento revivida pela memória. Uma realidade que não se pode perder em brigas tolas, inúteis, como as que, normalmente, todos permitimos acontecer.

Sim, fazemos isso, colocamos o futuro em risco porque não administramos bem o presente e esquecemos fácil do passado.

No resto da tarde conversaram sobre os dois, a vida, desejos, esperanças para aquele momento, para o futuro..., e acreditaram firmemente que estavam sim, em processo de crescimento e união, no amor.

Aquela lista é interessante. Faça agora (e sempre retorne a ela). Pegue papel, caneta e escreva as 12 qualidades que você se recorda, ou que ainda identifica e sente na pessoa que ama. Depois, leiam um para o outro e conversem sobre... Não é mágica. É verdade. É a sua vida.

Capítulo **XXIV**

POBRES CRENÇAS
FRACOS PENSAMENTOS
FORTES ESPERANÇAS

Antes de seguir, quero tocar em um aspecto muito importante, no mínimo curioso:

- Por que brigamos por coisas tão banais e tolas, facilmente assim reconhecidas quando são colocadas em perspectiva consciente, isto é, quando usamos a razão?

- Sabemos que é bobagem, não entendemos por que nos irritamos tanto, por que fazemos isso, mas fazemos e continuamos a fazer.

- Acredite. Agimos persistentemente de certo modo porque são crenças primitivas da constituição humana. Crenças de dominação, aceitação, pertencimento, território, hierarquia. Verdades, portanto, inconscientemente muito fortes em nós. Elas nos fazem reagir mesmo diante das "coisas simples", muitas vezes, nem agressões são. Parecemos estúpidos, porém, a verdade é que ignoramos essas <u>forças primárias</u>, em nossa biopsicologia. Somos imaturos, parecemos ridículos, muitas vezes.

Não se destrói uma relação de amor por causa de toalha molhada largada no sofá, mas..., pela tola decisão de quem **NÃO** está no controle da situação, mas quer dominar "tudo", principalmente, neste caso, a vida do outro. A "coisa" funciona mais ou menos assim:

- Vou pensar (sem pensar) se aceito você ou não e vou decidir (ainda sem pensar) se você pertence ou não à "minha" comunidade.

Uma das piores crenças mantidas em um adulto é acreditar que todos devem pensar do mesmo modo e que a única maneira correta é "a do bonitão ali", eu!

Essa força também está presente no *bullying*, assédio, sadismo etc. São elementos primitivos que existem em nós e precisam de controle e freio. Principalmente, a partir de nós mesmos e, quando necessário, que ajam limites vindos de fora. Outros "mais adultos" que nós.

Compreender com afeto atos muitas vezes grotescos são de grande valia para possibilitar e facilitar o controle e o equilíbrio.

Em uma primeira visão vamos nos revoltar, achar repugnante, comportamento com tamanho desajuste, porém, se nós compreendermos o primitivismo presente, se tentarmos compreender o outro, o comportamento dele(a), poderemos buscar melhores maneiras de ajudar a resolver a situação e não apenas sermos mais um a reagir sem pensar.

Onde quero chegar?

- Ninguém tem culpa de ter nascido em família racista e crescer racista. O que nos diferencia como adultos é quando tomamos as rédeas dos nossos pensamentos e decidimos o que é melhor para nós e para nossa comunidade. Compreender o que é racismo e..., passar a respeitar o próximo (como a si mesmo).

Ninguém tem culpa de ter nascido em família machista. Ninguém tem culpa de ter nascido em família preconceituosa, onde sempre ouviu que "os outros são todos idiotas, desonestos, corruptos e bandidos". Ninguém tem culpa de ter nascido em família com visão deturpada, em relação ao pobre; deficiente; estrangeiro; religiosos...

Acrescente aqui toda característica de pensamentos e crenças tolas que recebeu. **MUDE** sua mal construída visão de mundo, formada "pela dor e sofrimento de outros", nossos pais e cuidadores, pessoas importantes para nós, e por serem importantes temos dificuldade de deixar os pensamentos e crenças, porque nos sentimos traindo aqueles de quem não queremos perder o amor.

Creia que, em primeiro lugar, amor verdadeiro não se perde. Depois, sua mudança fará uma revolução em todas as gerações passadas que não conseguiram fazer por eles exatamente o que você está prestes a fazer por todos: modificar o mito familiar, crenças, histórias contadas, conhecidas por gerações da família, muitas vezes como verdadeira maldição no pensamento, crenças das pessoas de uma mesma família ou do mesmo lugar. Tribo! Crenças coletivas. Ilusão.

Mulher criada por um pai controlador, fraco, que passa o tempo todo falando "que ela tenha cuidado com homens, pois todos são abusadores, indignos de confiança", como conseguirá olhar para o marido no futuro?

- Quantos problemas essa crença acarretará para todos. Quanta dor (desnecessária e louca)?

Insisti nas palavras pensamentos e crenças porque ambas comandam nosso comportamento na vida. O **PENSAMENTO** se forma na mente e logo vai embora. O **SENTIMENTO** segue ferindo sua alma. Faz a gente agir baseado nele. Na mente, um estopim que surge de modo fugaz e se desvanece rapidamente, basta que o que gerou o pensamento "saia da frente". **CRENÇA** é a soma de pensamentos enraizados no cérebro, construindo as certezas. "Nenhum homem é digno de confiança". E, assim, pensamentos e sentimentos agem sobre nosso comportamento.

- "Nenhum homem chegará perto de mim"! Se essas "certezas" forem equivocadas, teremos comportamentos equivocados e lutaremos até o fim para provar que estamos certos, lutaremos para que os filhos mantenham esse "mito" familiar, por amor ao pai (que nos ensinou que homem não presta). Mitos autorrealizáveis – fazemos de tudo, inconscientemente, para que seja verdade. E, quando um homem reage por não aguentar mais ser frequentemente maltratado, algo diz no cérebro daquela mulher, "vítima dessa 'estória'": - "Viu como eu estava certa? Graças a deus, foi embora esse traste". E ela estará pronta para encontrar outro "traste" até que um dia aprenda a se curar. SUPERCONSCIÊNCIA/FAMÍLIA DO FUTURO está aqui para ajudar nesse processo de cura.

É possível – e extremamente desejado – mudar.

Não quero mudar o outro..., porque apenas a própria pessoa é capaz de mudar, crenças e pensamentos. Mantenho minha atenção em mim e em meus próprios pensamentos. Devo ficar "de olho" nos meus erros (da história familiar, o que aprendi, o que devo acabar).

Oro todo dia para que as pessoas descubram possibilidades de "novos caminhos", novas crenças, pensamentos e, consequentemente, novos comportamentos e autêntica felicidade.

Creio que assim podemos evoluir como raça humana que seja merecedora de um mundo melhor. Todos com fé, vigiando, orando e abençoados por Deus.

Ah! Como é bom olhar no espelho (que sempre esteve pendurado na casa da família). O que todos que passavam à frente viam nele?

Eu sei.

Capítulo **XXV**

Mais Algumas Práticas

São os fatos comuns de todos os dias que nos permitem treinar a maturidade nos relacionamentos. É no mundo onde vivemos, que crescemos.

Seguem aspectos relacionais muito frequentes em nossa vida: receber uma crítica, fazer uma crítica, defender uma opinião, ouvir a opinião do outro..., questionar e ser questionado, compreender e ser compreendido amar e ser amado.

Você se irrita quando recebe uma crítica ou "vê algo errado" e precisa criticar? Como você age quando é contrariado em sua opinião? Quer logo partir para a agressão emocional ou física e, por fim, cansado(a) de tanto fracasso nos diálogos, desistir de tudo?

Vamos colocar nosso cérebro para trabalhar?

1. O parceiro faz uma crítica. **IMEDIATAMENTE** o cérebro antigo, automático, guardião perpétuo de sua segurança, prepara-se para fugir ou lutar (como sempre). O que fará agora (você com algum treinamento) seu cérebro novo?

CONCORDE, em parte com a crítica, a outra, realidade. **AVALIE** a "crítica" (olhe para os fatos). Uau! - Será que dá para fazer isso?

- "Você tem razão meu amor, às vezes sou assim mesmo...!".

- Nossa! É difícil fazer isso?

- A verdade é que, se não parar a máquina das emoções, o desfecho será sempre o mesmo. Lembra-se da lâmpada apagada e você insistindo em teclar aquele interruptor? CHEGA!

Não cedendo, lá se vai mais um domingo em família, mais uma festa, ou uma tarde que poderia ser maravilhosa, uma..., (?). Com esse comportamento você só tem a perder, se não aprender a receber críticas. Coloque na "categoria" que está tudo bem, e frise que está "ótimo". Pense: - tenho agora a oportunidade de aprender mais uma coisa (com o outro).

Anote já essa frase em um papel:

- "Você tem razão meu amor, às vezes sou assim mesmo...!".

- Coloque então o papel com essa frase no bolso e cada vez que for criticado retire-o do bolso e **LEIA**, imediatamente, não espere nem um segundo. Com o tempo você se acostumará e nem precisará mais do papel. A frase ficará gravada na memória. Um novo automático (agora trabalhado),

Parece brincadeira?

- Não é! Tão importante que vou repetir:

- Aos poucos você colocará esse consciente melhorado no automático, de modo diferente do inconsciente, melhor, e possibilitará reações mais adequadas, maduras, como vocês dois merecem e toda a família agradecerá.

2. O parceiro faz algo que você não concorda, ou não gosta, e dessa vez você precisa fazer uma crítica. **IMEDIATAMENTE**, o cérebro antigo, guardião perpétuo da sua segurança, prepara-se para fugir ou lutar (como sempre).

O que fará agora, você com algum planejamento, seu cérebro novo? Planejamento sim, porque aqui neste caso você tem tempo para pensar "como fará a crítica". Antes foi criticado, agora terá que criticar.

- Comece criticando sempre **O FATO**, nunca **A PESSOA**. De maneira discreta, amável..., e reforce o amor nesse momento.

Duas maneiras distintas para que você escolha a melhor:

- Opção A:

- "Meu amor. Preciso pedir uma coisa. Eu amo você (fale com um sorriso sincero e delicado nos lábios), guarda sua toalha molhada no banheiro. Aqui em cima do sofá da sala, pode manchar o tecido".

Opção B:

- "Meu amor. Que coisa horrível! Quantas vezes tenho que repetir pra você? - Ou é surdo ou é louco. Vai molhar todo o sofá que minha mãe deu pra gente! Acho que você faz de propósito. Urgghhrrr! Que raiva!" E diga isso enquanto pega a toalha e joga na cara dele(a).

Preciso ainda perguntar para você, qual a melhor maneira de fazer uma crítica?

Também posso perguntar:

- "Em qual tipo de família você quer viver"?
- Parece esquisita e inimaginável a segunda opção (B)?
- É o modo mais frequente encontrado em relacionamentos, em um mundo com pessoas mal preparadas para a vida.

Atente para isso:

- Quando surgir um novo problema para o casal procure se certificar se ele está ou não na "lista de ajustes", descrita no Capítulo XXI, e sempre a inclua caso ainda não o tenha feito.

Trabalhe e ofereça uma solução tão logo possa. Avalie pontos de desacordo, para encontrar "acordo".

RECONSTRUA AS PRÓPRIAS CRENÇAS

A vida é mutante. Você também pode transformar um modo de pensar e agir que esteja minando sua vida. Ao menos tente, fuja do mito familiar. Os resultados são fantásticos. Quem sairá ganhando?

Você! E toda a sua família, nuclear e expandida, os amigos, vizinhos..., todos terão alguém mais fácil de conviver (inclusive você mesmo – é duro ser chato(a)). Renuncie ao medo, do controle, do primitivo impensado. Renuncie ao sofrimento eterno.

Difícil fazer isso?

- A verdade é que, se não parar a máquina das emoções, o desfecho será sempre o mesmo. Lembre-se, mais uma vez (e quantas forem necessárias), da lâmpada apagada e você insistindo em teclar aquele interruptor.

E lá se vai mais um domingo em família, mais uma festa, uma tarde que poderia ser maravilhosa, uma..., (?). Com esse comportamento você só tem a perder, se não aprender a fazer críticas. Vai! Coloque na "categoria" que está tudo bem, e frise que está tudo "ótimo". Pense, "tenho a oportunidade de aprender mais alguma coisa".

Se não mudar o modo de agir e reagir, sua vida será a eterna repetição, dos mesmos problemas, e pior, até que um dia as pessoas não o(a) tolerem mais.

Não precisamos disso. Podemos fazer diferente. Podemos "ser" diferentes. Precisamos ser diferentes. Ou seguiremos machucando e sendo machucados (só porque a lâmpada não acende).

Creia. Aplique a mudança, treine, conte para o cérebro primitivo que está tudo bem, que você não precisa mais competir com quem ama. Que a partir de agora o amor se tornará cada dia mais leve, doce, maduro, mais consistente, mais fácil..., do jeito que vocês merecem. Não há mais jogo de poder. Não precisa. Nunca precisou. A hierarquia é espiritual, e o amor..., eterno. Seja adulto porra! (desculpe, não aguentei).

ESSE NOVO MODO DE AGIR SERÁ ESCRITO NA MEMÓRIA

Se você fizer isso em relação às emoções antigas encontrará uma nova e mais saudável maneira de manifestar os desejos, sem tanto medo, com nova crença gerando um novo comportamento – **ADULTO** – maduro.

Vamos a mais um problema de "todo dia".

3. O parceiro tem uma opinião diferente da sua. O que fará agora seu cérebro novo, já com alguma segurança oferecida pela nova maturidade?

- Acho muita graça (e tristeza) quando alguém diz, sempre com postura de enfrentamento e cara de nojo, desprezo ou ira:

"EU TENHO O MEU PONTO DE VISTA"!

- Como pode alguém ter uma vida rica com apenas UM ponto de vista, o próprio? Quero mais é conhecer milhares de pontos de vista, isto é, ser capaz de ver a vida a partir de muitos pontos, diferentes ângulos, infinitas possibilidades:

- Humildade: para reconhecer outra realidade, outra história de vida.
- Respeito: é apenas uma opinião, não é uma agressão.
- Desejo: de enriquecer a sua história, com outros pontos de vista.

Possíveis saídas de um debate maduro:

A) Você encerra a conversa ainda com a mesma opinião que tinha no início e agora até reforçada pelo debate de ideias.

Diz assim:

- "Ok. Mesmo ouvindo o tema, a partir de sua visão, continuo pensando que o melhor seria...".

B) Você encerra a conversa agora com sua opinião um pouco mexida:

- "Ok. Olhando por seu ponto de vista saiba que agora me deixou em dúvida. Preciso pensar um pouco mais. Vamos conversar mais tarde"?

C) Você encerra a conversa com outra opinião:

- "Ok. Você me convenceu. Eu não havia pensado desse modo, nessa situação sobre esses outros aspectos – outras crenças, outros pensamentos. Você tem razão".

Com isso, pode ser encerrado o debate de ideias mantendo as fundamentais diferenças, porém, agora com uma experiência muito mais rica sobre o assunto. E, sempre, conteste como amigo; raciocine como amigo; finalize, e comemore como amigo.

Se o caso exigir uma escolha, uma decisão, uma resolução: priorize, planeje, negocie, postergue, ou ceda, mas, sempre com confiança e amor. O respeito mútuo sempre atrai a saída desejada e o resultado será muito superior a qualquer embate.

Aqui entra o tema **DIÁLOGO**, não para tratar de características e matizes, não temos tempo para isso e existe vasta literatura sobre o assunto. Não deixe de procurar e ler sobre esse ponto tão importante para garantir bons relacionamentos. Vamos apenas ao que interessa.

Saiba que sempre usamos mecanismos de defesa do nosso ego, muitas vezes imaturo, para convencer o outro que estamos "certos".

Independentemente da idade, somos "experts" em desculpas e em justificar nossas desculpas, mas, aqui eu quero apenas lembrar do que estamos tratando desde o começo do livro: sempre que dialogamos estamos nos comunicando com "outra verdade". Pense. Nós precisamos aprender inglês para entender inglês. Simples assim. Precisamos "aprender o outro para compreender o outro". Precisamos aprender do outro para sobreviver melhor. Conte isso a seu cérebro primitivo agora e ele ajudará. Mais ainda, convença-se:

"EU QUERO ENTENDER VOCÊ"

Adiante, um capítulo sobre "as faces negativas do diálogo".

4. O parceiro me irrita profundamente.

Um homem diz assim para mim:
- "Eu fico muito nervoso com a minha mulher".
Então eu pergunto a ele?
- "De quem é a culpa por esse seu nervoso"?
- "**DELA** Claro. Faz coisas terríveis. E por mais que eu fale, ela não muda".
Eu digo:
- "A culpa é sua, meu amigo"!

Preste atenção, perguntei "de quem é a culpa do **SEU NERVOSO**". Ele é seu.
- Como o objetivo é a felicidade, observe, repito, preste atenção:
- A culpa é sua sim (de cada um de nós).

Se decidiu amá-la e ela é a mulher da sua vida precisa aceitar quando "**A IRRITAÇÃO ESTÁ EM VOCÊ**", porque ela está contrariando sua verdade (sua crença, seu pensamento...). O primitivo está nervoso..., não você, o racional.

Então, o que você fará agora com muita paciência e sabedoria, ativando seu cérebro novo?

A) Tolere como toleravam sempre, antes, lá atrás, na história, quando se conheceram, quando era válido e útil ser gentil e paciente, para o movimento da conquista.

B) Deixe passar, porque vai passar, e vocês sabem ou saberão disso mais tarde. Daí a importância do conhecimento popular do..., "contar até dez". Serve para o cérebro recuperar oxigênio e..., pensar melhor. Saia de cena, depois retorna – e retomam o assunto.

C) Confie. Confie no amor verdadeiro (que não é a paixão), confie no crescimento de ambos, no futuro maravilhoso para dois, e dá trabalho conquistar o futuro, aliás, é sim, uma conquista, uma construção diária e não um presentinho banal a receber.

Precisamos nos tornar merecedores do amor.

D) Creia. Acredite que essa aparente afronta (do outro) pode e deve ser exatamente o ponto de mudança que você necessita treinar, para superar e crescer.

É o que irrita você, que precisa aprender a tolerar. Passar para um nível superior de consciência.

E por que tolerar?

- Não é apenas porque se comprometeu. Não só por isso, o que já seria muito importante. Mas, tolerância é atributo dos fortes e não dos fracos. Você é forte ou fraco?

Tolerar é demonstrar poder sobre a vida, principalmente, construir em você a capacidade de reconhecer e compreender as limitações sua e do outro. **CONFIE!**

Apenas um cuidado a mais. Tolerar também pode significar excesso de confiança, de certezas, e isso não é nada bom. Tolerar pode também significar "Eu não quero nem ouvir você, apenas tolero sua companhia". Ui. Horrível. Melhor assim:

- "Como eu amo você e hoje acredito em minha verdade, ajude-me a compreender onde e se estou certo ou errado. Vamos trabalhar juntos nisso, afinal, hoje sei que você é o anjo que Deus colocou em minha vida para ajudar meu crescimento"!

Muito melhor assim?

- Agora, uma historinha acontecida na Páscoa.

Maria Clara e o marido almoçaram na casa de parentes, véspera de domingo de Páscoa. Estavam todos bem, alegres, a conversa fluía como de costume, transcorria tudo em ordem, com as habituais piadas de família, fofocas, o trivial, nada especial.

Havia carinho e enquanto o casal participava da alegria à mesa, podia-se notar um toque suave ali, uma passada de mão no cabelo um do outro, uma relação de afeto, percebida e até comentada por muitos naquele momento.

Ao voltarem para casa, Maria Clara lembrou que teria que comprar um pernil, pois havia se comprometido a fazer o almoço naquele domingo de Páscoa. Olhou para o marido que acabara de se jogar no sofá e perguntou se ele queria ir junto.

Ele, aprisionado pela preguiça imediata do pós-almoço, respondeu que, se ela não se importasse, ele ficaria em casa, já que era apenas para pegar o pernil e voltar.

Não havia se passado nem uma hora, ele recebeu mensagem no celular com uma gravação divertida, em tom jocoso: "Nossa Pessoal! Comprei 6 quilos de pernil. Quase não consegui trazer o bicho para o carro". Seguia na mensagem, uma carinha de porquinho e dois coraçõezinhos, demonstrando, claramente, que estava tudo muito bem.

Passada mais uma hora, dando-se conta que a esposa não chegava, o marido também enviou uma mensagem: - "Mor, onde você está?" - Sem resposta, aguardou mais um pouco e..., ela chegou..., mas, só que, com "cara de poucos amigos".

"Que aconteceu meu amor?" - Perguntou o marido e a resposta foi uma longa lista de reclamações fortes e ríspidas: "Ninguém ajuda"; "Como pode um marido não colaborar com a esposa", e..., e..., e....

A grande e não definitiva questão era:

- O que aconteceu no período entre a voz animada da mensagem com carinha de porquinho, coraçõezinhos, e a chegada emburrada de volta à casa com tanto sofrimento e reclamando?

- O fato é que resolveu comprar mais algumas coisas, enfrentou fila, o moço do caixa foi um pouco deseducado, o cansaço foi se avolumando e não pretendia naquele momento sofrer algum desacordo, somado a hipoglicemia e sono pós-almoço, o que também causa irritação.

Com aquele tempo de espera, como se fosse mágica, os pensamentos fizeram-na imaginar que ela poderia estar ali, na companhia do marido. Não deveria estar sozinha (sentiu abandono).

E começou a fantasiar, que se o marido fosse um cavalheiro de verdade não a teria deixado desamparada em momento algum, sem nenhuma ajuda, fazendo esforço e passando por aquelas dificuldades.

Pensamento que se inicia com um quase imperceptível estopim se não prontamente freado pelo racional (na certeza da família maravilhosa que possui), o emocional, transformado, naquele instante, pelo medo e em autodefesa, passaria a dominar a cena mental por completo.

Uma imaturidade capaz de lesar a mais madura pessoa da Terra e estragar o jantar daquele dia e o almoço do dia seguinte. Some-se a isso a ansiedade primitiva, para que tudo ficasse maravilhoso no almoço do domingo da Páscoa, que ofereceria para toda a família.

Como contornar um pensamento enganador que tem origem em uma história infantil? Como passar a confiar naqueles que estão conosco, e por nos amarem, e possuírem maior calma e conhecimento no momento serão capazes de nos alertar dessas faltas e necessidades de ajustes?

- A resposta: - ativando a confiança, o amor, o treino e voltar a DESEJAR construir um caminho comum de ajuda mútua, demonstrativo de equilíbrio, porque, caso não queiram tais ajustes..., podem esquecer a Páscoa – que, por sinal, significa mudança, transformação, ressurreição, D'aquele que tanto quis nos ensinar a Amar, o verdadeiro amor. Ela não vai mais ser comemorada.

E a você leitor, o que irrita, sabota sua felicidade e tem origem em uma história antiga, medo que insiste em aflorar cada vez que a vida toca, em sua ferida?

- Está na hora de descobrir, tratar esse machucado e finalmente se permitir à plena liberdade, maturidade e felicidade.

PEÇA AJUDA (insisto sempre).

Já falei sobre isso, existem ótimos terapeutas esperando o seu toc--toc-toc nas portas deles. - "Ei! Você pode me ajudar..., a pensar?".

Olhe agora que interessante!

Use mais uma vez a sua criatividade e veja a imagem na figura 2 que claramente represente um casal. É uma gravura utilizada para demonstrar diferentes perspectivas sobre as coisas. Distintos pontos de vista[5]:

Um homem abraça uma mulher, por trás, sustentando os seios, com ambas as mãos. Apenas uma imagem. Para adultos, uma imagem comum, natural, sensual. Normal! Tenho certeza de que você logo a viu.

---

[5] Fonte: liveinternet.ru – Fatos Desconhecidos – Publicado e aberto na data de 12 de junho de 2014. Pesquisado em 18/02/2016, às 14,17 h. Disponível em https://www.facebook.com/Desconhecidos. Fatos/photos/a.451837198203315.104372.4518.

Figura 2 – Imagem representativa ambígua.

Se você pudesse observar a mesma imagem olhada com mais calma, ela também apresenta "nove golfinhos nadando no mar".

Como assim?

- As sombras e os espaços entre os corpos dos amantes, braços e corpos são a representação perfeita da imagem de golfinhos nadando em grupo, como usualmente fazem no mar. Pode achar e contar, eu espero.

Qual imagem domina o nosso cérebro?

- Qual seu ponto de vista?

- Um adulto, imediatamente, vê o casal se abraçando. A mulher, de costas, à frente do homem, com os braços levantados e o homem por trás com as mãos nos seios dela.

Ok. Respondo. Concordo, mas, quando fazemos a mesma pergunta para uma criança de 5 anos, ela prontamente diz ver vários golfinhos (desde que já tenha visto algum golfinho e os tenha na mente, claro).

Independentemente da idade que tenhamos, só poderemos "reconhecer" o que um dia "conhecemos" em nossa vida.

Ficamos chocados por não ver a outra imagem, tão prontamente e nítida, apenas reconhecida depois de delatada. E nem estava encoberta, simplesmente, não a víamos. Assim como não vemos a verdade do outro, aquele que amamos e escolhemos viver juntos (para sempre). Ficamos espantados quando também nos damos conta de que não conhecíamos outra verdade, muitas vezes tão clara para o outro e depois para nós.

O fato é que só enxergamos aquilo que estamos preparados para ver. Ou o que queremos ver.

Isso é muito importante saber.

Uma criança de 5 ou 6 anos (que não tenha assistido a programas adultos, como é habitual hoje nas televisões) não será capaz de formar na mente a imagem sensual de casal, portanto, é incapaz de reconhecer o casal se abraçando daquela maneira. Já os adultos tendem para imagem mais estimulante e não conseguem se desligar dessa visão, tendo alguma dificuldade para ver os nove golfinhos, alegremente, nadando no mar.

Muitos, insisto, "não conseguem se desligar" da verdade própria, a não ser que estimulados para isso e com vontade de "enxergar o outro". Nossa "infantilidade é tal" que muitas vezes acabamos por ver o outro apenas quando surge a dor de um problema grave ou uma separação se anuncia. "Meu Deus! O que aconteceu?". E as ideias inconscientes são:

- "Como posso colocar em risco minha verdade?";
- "Se eu ceder mostrarei que sou fraco(a)!";
- "Não posso perder poder!".

É exatamente o contrário. O risco é não ceder, e se o fizer mostrará a verdadeira grande força – HUMILDADE MORAL.

Está colocando a família, o futuro e a felicidade em jogo apenas para não "ceder"? Acredite, muitas vezes apenas nem sabe que precisa ceder e, se desconfia, não sabe como. Ceder? Como assim, faço tudo certo! Afinal, o certo é...". Talvez, na verdade não seja "ceder", mas adequar. A questão que cabe aqui é:

- O cérebro é rígido, não se modifica, ou é plástico e pode moldar-se à nossa real necessidade? Podemos mudar (para melhor), ampliar...?

- **Rígido**, quando percebe (na categoria de) ameaça à defesa, estabilidade e segurança – primitivo. Preciso me defender com todas as forças.

- **Plástico**, quando quer crescer e ser feliz, com e para o mundo (identificamos, damos nome à novas imagens) – racional. Preciso me defender, até por isso, vejo agora que as minhas defesas precisam evoluir. Estarei assim até mais protegido. Mostre para o cérebro a vantagem.

Amigos..., até pedra se amolda!

Imagine dois políticos que concorrem em um pleito. De um você é plenamente a favor, confia, do outro é visceralmente contra. O que você acha que seu cérebro (infantil) faz?

Busca, encontra e revela (enxerga), afirmando todas as qualidades daquele que você é a favor, imediatamente, e sem pestanejar. Passa a propalar a todo mundo tais qualidades, sem nem querer pensar, avaliar, discutir ou encontrar eventuais defeitos. O eleitor mau caráter, infantil, imaturo esconde defeitos que encontra, inventa, mente e até acredita na própria mentira. Só vê qualidades (e sorri).

Ao mesmo tempo que procura, encontra e revela (enxerga) todos os problemas do outro, o oponente, e se é o mesmo eleitor mau caráter, "cria" defeitos e acredita fortemente no que inventou.

Passa a gritar todos os problemas daquele que escolheu para papel de oponente – de oposição..., sem ver, nele, nenhuma boa qualidade, mesmo que fossem muitas e todas para o benefício da humanidade. Afinal, ele é "o outro". Rigidez.

Sempre se refere a ele como **"O CANDIDATO DELE"**. É "DELE", mesmo porque, apesar de nunca sequer terem sido apresentados, traz para o lado pessoal. Daí as brigas, até entre irmãos, que escolheram lados opostos.

E vamos seguindo dessa maneira em nossa luta (primitiva), defendendo quem gostamos e atacando quem não gostamos.

Olhando por esse ângulo, não deveríamos nem ter direito de votar. O melhor seria sermos considerados juridicamente incapazes, infantis, não sóbrios, tolos.

Por isso (e por tantas outras coisas), dificilmente votamos corretamente. Porque há um sem-fim de verdades e apenas a "nossa" é a que vale. O outro, nada! Lixo.

Palestinos *versus* Judeus – quantas histórias, quantas dores e sofrimentos, apenas porque a **CERTEZA**, histórias e crenças, de cada lado, comandam ações e atitudes. Claro que existem "verdades" dos dois lados. Mas, um lado quer enxergar o outro? E o mau se diverte.

Além desse exemplo, existem diversos fatos interessantes de nosso comportamento primitivo, provocando em nós sentimentos de aproximação e distanciamento, todos os dias.

- Sua cidade *versus* a outra cidade; seu time *versus* o outro time; seu grupo *versus* o outro grupo; sua família *versus* a outra família..., você *versus* o outro.

Pergunto:

- "Por que viajamos (é bom viajar, não é verdade?) se ao voltarmos notamos e verbalizamos o quanto é melhor estar de volta à nossa casa, nossa cidade, nosso canto"?
- "Por que adoramos o time que torcemos e deploramos o outro"?
- Assim é com qualquer grupo "rival".

Simplesmente porque o que é **SEU** traz segurança – ao primitivo –, e o que é **O OUTRO** transmite insegurança, pouco conhecido.

Estamos constantemente desejando **SEGURANÇA** e buscando justificativas para mantê-la firme e forte.

A formação de grupos – tribos – diminui ainda mais os riscos. A hierarquia nessas formações, marcar território... aumenta muito nossa proteção (contra os perigos do mundo).

Já não olhar para essas coisas piora tudo, pois são regras internas importantes, porém, é complicado gerenciá-las em um mundo tão mais complexo, tão menos primitivo. "Cadê a tribo que estava aqui?"

Como mudar esses fatores inatos e também culturais?

1. Reconhecer que agimos assim..., com humildade e coragem, para nos tornarmos capazes de vencer o medo (geralmente irreal).
2. Conhecer, saber o que essas questões significam e imediatamente aplicar a **EMPATIA**, coloque-se no lugar do outro, "calce as sandálias do outro", e sinta, pense, reconheça todo o caminho pelo qual ele passou. A história de vida dele e de toda uma Nação.

É Verdade. O cérebro é **PLÁSTICO**!

Ele é sim capaz de construir novas vias neurais, caminhos até então desconhecidos, para você percorrer e até se divertir.

A princípio, serão pequenas vielas mal iluminadas, porém, à medida que você utiliza essas novas vias cerebrais (com esforço sim), as trajetórias mal iluminadas iniciam um processo de melhoria e terminam como verdadeiras "autopistas" modernas, e **TREMENDAMENTE CLARAS**, com a força de novos e poderosos **neurônios**, amorosos, ativos, plenos de alegria e compaixão.

Boa construção em seu cérebro.

Acredite. Só demora se você não começar e se não se propuser a treinar.

Ah..., e se não decidir..., amar.

É urgente evoluir, como família e sociedade.

Capítulo **XXVI**

Diálogos do Medo

Sempre ouvimos dos outros **COMENTÁRIOS** sobre o que fazemos, falamos, ou deixamos de fazer e, muitas vezes, nem críticas são apenas "falas" sobre nós. Isso faz parte da vida. Contudo, para muitos, soa imediatamente..., um alarme de "perigo" (por insegurança).

Nosso cérebro primitivo, sempre a postos também nos diálogos que ouve por aí, imediatamente se defende utilizando algumas estratégias, muito conhecidas – sempre automáticas.

Em tempo: uma defesa adequada é o nosso primitivo respondendo ao mundo na mais bela ordem e função – nos proteger; no entanto, quando produz ruído é um desajuste que gera dano, às vezes muita dor, e são provas incontestes de nossa imaturidade.

O tema diálogo tomaria um compêndio inteiro. Não é esse meu objetivo aqui. Neste capítulo, decifro maravilhosas e intrincadas nuances de um diálogo. Existem boas obras para isso e autores que tocam o assunto em profundidade, mas não posso e não quero deixar de relatar algumas das mais terríveis atitudes e imaturas maneiras de autoproteção, que assumimos a todo instante (muito sem perceber que o fazemos). Trago-as, aqui, por estarem presentes à minha abordagem sobre nossas defesas neurais. Quando não bem reconhecidas, trabalhadas e conduzidas, tais defesas causam grandes dores nos relacionamentos (todos).

Que tipo de proteção é esta que machuca a mim e a quem amo?
- Bem, um piloto de provas imaturo tem muita chance de sair ferido. Em que sou imaturo ainda e preciso mudar (treinar essa mudança)?

- Creia, há uma lista enorme de "falhas nossas" que deveríamos escrever e fixar no espelho (da alma) para lembrarmos sempre delas. E prova de maturidade é lutar para encontrar essas repostas, todos os dias.

Agora, leia bem devagar..., com carinho...,

Por favor, não desperte o primitivo, por enquanto. Schiiiuuu...

> **Sabe me contar se algum dia foi instalado em seu cérebro um *software* específico de proteção, que você sempre ativa, muitas vezes sem nem mesmo perceber, a fim de se defender quando não quer nem pensar nem "ouvir o outro" (ouvir a crítica do outro)?**

Espere! Não reaja agora. Respire e siga lendo com atenção (e amor). Serve para todos nós. Reflita antes de responder se, algumas vezes, não quer nem pensar em "ouvir o outro". Será medo?

> **Pode, ao menos, TENTAR aceitar que esse é um tremendo método de defesa, porém, aqui, muitas vezes desnecessário e equivocado. Porque, CASO OUVISSE o que o outro tem a dizer, vocês poderiam crescer na relação e ser muito mais felizes? – "...estando, o outro, certo ou não".**

Sim, escrevi "vocês", porque todos ficam bem quando um diálogo flui em uma união que merece ser mantida e renovada (eternamente).

> **Você sabia que age em todos nós um medo que tenta nos impedir de pensar defendendo-nos de modo automático e pronto?**
> **– "... E o pior, é que ele..., faz muito bem o papel que assume".**

Quando imaturos, somos as principais vítimas e algozes de qualquer relação. Quanto mais próximo da maturidade, somos melhores construtores de afeto.

Quando alguém fala comigo ou de mim e não gosto do que ouço... Eu, de tão rápido que sou, nem deixo falar até o final, por que incomoda. Às vezes nem permito começar, porque já "tenho certeza" do que se trata (eu não quero ouvir). Libero imediatamente meus canais de reação, todos eles, atos de coragem (no meu teatro do medo). Sou fera! (Não é não).

Por partes:

- Fazer uma autocrítica, sem esforço e vontade positiva, é quase impossível devido ao receio e à vergonha inconsciente, por se sentir desmascarado(a). O tema precisa ser benignamente provocado – e é o que faço aqui.

Note que escrevi a palavra, benignamente, como estratégia de aproximação. Uma das maneiras de calar o outro é jogar este livro longe (ou esquecê-lo em alguma prateleira, tão empoeirada quanto o nosso cérebro, para muitas coisas).

Acredite, não quero ser arrogante ou presunçoso. Sou repleto de defeitos em muitas áreas, já me machuquei muito, e também já machuquei muita gente. Também estou em processo – já delatei isso. A diferença é que assumi o comando do meu cérebro, naquilo que posso, nunca será perfeito, sigo errando (cada vez menos).

Vale o risco levantar esse assunto porque magoamos principalmente quem amamos e racionalmente nunca desejaríamos, nem em sonhos, machucar. Contudo, por usar as defesas, o tempo todo, levamos as relações a riscos enormes de ruptura e sofrimentos inúteis.

Quem tem algo a se queixar para nós, <u>deseja e precisa ser ouvido</u> (leia 10 vezes). Fugir da solução do problema, além de não resolver o caso, sempre cria outro pior (leia 100 vezes). Cria-se um desentendimento, mesmo que silencioso e aparentemente em paz. Paz da mágoa quieta e permanente?

Vamos às defesas habituais no diálogo diante das críticas?

- Quatro principais:

A) Evitar, adiar a conversa.

B) Negar o problema.

C) Dar desculpas: minimizar a questão, transferir a responsabilidade; ou, pior...

D) Devolver a fala com outra queixa, outro assunto. Culpar a pessoa que quer conversar e expor queixas por outros motivos são gigantescas maneiras de desrespeito e desconsideração.

ATENÇÃO!

Se você precisasse colocar uma crítica à pessoa que você ama, sabendo que o amor é real e recíproco, e ainda assim percebesse que a outra pessoa usaria um ou vários desses artifícios descritos acima para não lhe ouvir, como você se sentiria?

- Nada bom, não é mesmo?

E você, identifica-se em algum deles?

- "Como assim, diz que me ama e nem quer me ouvir"?
- "Criança"?

E inicia-se uma discussão, mais uma vez, desnecessária.

É chegada a hora!

Avalie e anote para cada item um belo SIM ou um maravilhoso NÃO. Dessa vez não vou me intrometer e responder por você. Você já está maduro o suficiente e vai escrever o SIM ou NÃO.

Como você reage a uma crítica. Manda bem, ou...?

- "Eu atuo dessa maneira (no teatro do medo)":

1. RECUSO-ME A OUVIR (fujo do papo ou fuga literal – se manda).

- "Ai, ai, ai! - Lá vem você com esse assunto. Vamos conversar sobre isso outra hora, não tenho tempo agora (não quero te ouvir)".

Que tal... (tente desse jeito):

- Escreva a frase que vou expor a seguir em um papel, para não esquecer, e use-a na hora que for confrontado:

- "Perdoe-me meu amor! Vamos resolver agora. Como posso corrigir o que fiz. Desculpe, mas ainda não compreendi bem. Ajude-me a enxergar o que aconteceu".

Às vezes não é possível conversar ali, naquele momento, mesmo, porém, precisamos verificar se não é a nossa defesa agindo (fugindo) sem pensar ou sem querer pensar – medo do que irá ouvir.

2. NEGO A CRÍTICA (não aceito).

- "Você quer dizer que eu não elogio você? Estou sempre falando o quanto te admiro, o quanto te acho...isso, aquilo, e aquilo mais..." (normalmente nego e afirmo o contrário, no afã da discussão).

Que tal... (tente desse jeito):

- (Repito). Escreva a frase que vou expor a seguir em um papel, para não esquecer, e use-a na hora que for confrontado:

- "Perdoe-me meu amor! - Não percebi. Errei (esqueci, falhei...) Obrigado por me alertar. Amo muito você e sabe que é a pessoa que escolhi viver para sempre. Vem aqui, seu abraço é a coisa que mais me faz feliz".

Às vezes essa fala é um irreal, você ainda precisa de tempo para "realinhar e avaliar o que aconteceu", porém, precisamos verificar se uma negação não seria defesa. Em nenhum momento estou afirmando que é apara aceitar tudo sem nenhum questionamento. Quero levantar apenas nossa "reação" automática.

Lembre-se! A crítica pode ser realmente infundada. Você sempre elogia e reconhece, mas uma baixa autoestima nunca escuta.

Transporte isso para diversos exemplos que a vida nos traz.

3. DOU DESCULPAS (justifico; culpo terceiros; minimizo...).

- "Meu amor, você fala que ficou me esperando até tarde, eu disse que viria, e não apareci, mas, precisei ir buscar minha avó, passar na farmácia, pagar o padeiro, dar carona para..." (justifico e culpo alguém – ou alguns). "Depois achei que era tarde" (justifico, culpo a hora). "E não foi tão ruim assim" (minimizo), dessa maneira você conseguiu conversar bastante e à sós com sua irmã, que tanto ama (justificativo, minimizando, tentando mostrar vantagem como consequência da minha falta). (E ainda culpou a cunhada e a linda relação das duas). Esse é especialista em "desculpas".

Que tal... (tente desse jeito):

- (Repito, mais uma vez). Escreva a frase que vou expor a seguir em um papel, para não esquecer, e use-a na hora que for confrontado:

"- Perdoe-me meu amor, falhei. Não há porque eu errar com você. Sinto muito por ter te magoado. Prestarei mais atenção em nós".

4. DEVOLVO CRÍTICA COM OUTRA CRÍTICA (tento tornar o outro menor, pouco merecedor...).

- "Você está cobrando que eu não me arrumei ainda e por isso chegaremos atrasados? Quem está falando? Você sempre se atrasa! Quantas vezes tive que esperar? Outro dia ouvi você combinar com seu amigo e o deixou esperando por mais de uma hora. Isso inclui uma sensação de culpa no outro e desvia a atenção para "mais um erro do reclamante".

Que tal... (tente desse jeito):

- (Repito, mais uma vez, última, prometo). Escreva a frase que vou expor a seguir em um papel, para não esquecer, e use-a na hora que for confrontado:

- "Perdoe amor! Errei com você! Tentarei me apressar".

Quem fala também tem falhas, portanto, fica fácil "revidar", porém o assunto objeto do revide não tira a importância do que foi posto em primeiro lugar. Essa queixa deveria ser o único objeto do diálogo, com reconhecimento e atenção. Depois, podem-se levantar outras questões, em um momento adequado, bem distante dessa crítica.

Quando uma resposta é dada com amor gera alívio imediato, compreensão e ajuda para a resolução do problema. Reina a paz e os corações se alegram (e não se entristecem). Deus também. Sorrisos e esperança para noites e dias, para sempre.

Quando uma resposta é cheia de defesas, produz rancor imediato, incompreensão tola e só aumenta o problema. Reina dor e os corações ficam apertados. Deus se entristece, e o diabo se diverte.

Choros e amarguras por noites e dias.

Tristeza por meses, ou terríveis anos de vida, jogados fora.

Caso quem receba mal a crítica seja ainda muito forte, rijo e dominador, manterá a discussão fixa no tema que rebateu – a culpa do outro em outro assunto – retirando qualquer possibilidade de resolução.

Quem tentou criticar termina arrasado pela culpa em outro caso, que nem era para ser tratado no momento. Nenhum dos dois temas foi solucionado, porque a tristeza e a angústia geradas tornam qualquer solução impossível.

A maldade tem muita força, o medo, então... Medo e maldade são sinônimos? Aqui sim, mas nem sempre. Um medo bom existe e nos livra de grandes danos.

> **NO AMOR EXISTE PERMANENTE DESEJO DA CORREÇÃO DE ROTAS**

Todos nós erramos e criamos problemas na vida. É inevitável e precisamos honrar aquele a quem prometemos cuidar para sempre.

Então cuide!

EM QUE MUNDO VOCÊ QUER VIVER?

Uma consulta com terapeuta de casal, talvez e preferencialmente por curto período, a fim de detectar defesas, aprender, treinar e construir novas respostas custa muito menos que consulta com advogados, divórcio, cartórios, pensões, mudanças, novas casas..., filhos...

..., e novamente..., barzinhos, baladas, antidepressivos... etc.

O pior é que conhecerá outro alguém, nem melhor nem pior, apenas diferente. Trará para a nova relação os mesmos medos não tratados e, na mesma proporção, ou pior, receberá os que o outro também carrega. Mais uma vez, seu mundo em competição com o mundo dele(a).

Muito breve – basta diminuir a paixão – os muitos problemas de diálogo e relacionamento serão reativados, a todo instante. Novas histórias, dores antigas.

Até quando?

- Até quando..., decidirmos crescer.
- Amadurecer.
- Todos.

QUE "DEFESA" É ESSA QUE TIRA TUDO O QUE MAIS DESEJAMOS, MAIS AMAMOS, E ACABA POR NOS DEVOLVER AO BOTECO PARA TOMAR CERVEJINHA QUENTE E DE VOLTA À BALADA FRIA OUVIR CONVERSA FIADA?

Jesus!

Depois de tudo o que foi escrito aqui a grande culpa ainda não é do sujeito imaturo e sim do cérebro primitivo dele, apenas por realizar o importante papel para o que criado foi.

Viu! Já quer colocar (projetar) a culpa no cérebro primitivo (o outro, não eu). Mas, somos ele (e muito mais), não somos?

- Nosso primitivo é dez, nós..., também.

Racional.

Nossas defesas são maravilhosas, o que faremos com elas é o que conta. Uma Ferrari é maravilhosa, o que faremos com ela é o que conta. Uma grande empresa é maravilhosa, o que faremos com ela é o que conta. Nosso cérebro todo é maravilhoso, o que farem.........

E aí?

Somos grandes pilotos da mente?

Maduros ou imaturos?

Capítulo **XXVII**

Propostas Para Melhor Iluminar a Estrada

Um capítulo curto para respirar e brindar.
    Novidade produz adrenalina, coisas novas, objetivos novos, situações novas, sonhos novos, comportamentos novos geram expectativas e movimentos. Um corpo saudável precisa de "oxigênio". Uma relação também. E muito.
    Um casal estava discutindo, brigando e usando palavras duras um com o outro à noite dentro do carro parado em um cruzamento enquanto o sinal estava fechado. Distraídos, não viram um vulto se aproximando. Pow pow pow! O elemento bateu com a coronha da arma no vidro da janela e gritou:
- "ABRA A PORTA! AGORA!".
    Entraram no carro três marginais, dois à frente e o terceiro no banco de trás, com o casal. Falaram alto e ameaçaram o tempo todo. Diziam o que pretendiam fazer com eles – as vítimas – depois que explodissem um caixa eletrônico, bem perto dali – o que não soava nada agradável. Ameaçaram novamente e agrediram verbalmente, sem cessar.
    Em uma avenida distante, após muitos minutos de tensão, veem uma blitz ao longe. Sem dizerem mais nada, freiam o carro, abrem as portas e saem correndo na direção de um matagal. O casal fica paralisado, os dois abraçados, ainda sentados no banco de trás. Juntinhos e tremendo. Logo se aproxima um policial e pergunta o que fazem ali parados e com as portas abertas. Depois de contarem a história, são liberados e voltam para casa.

Agora conta para mim:

- Eles voltarão para casa em segurança, quietos e ainda abraçados ou retornarão àquele sinaleiro para continuar a discussão que foi ali interrompida?

Se essa pergunta for feita a eles, qual será a resposta?

Claro que irão para casa.

- Então eles continuarão a discussão em casa?

- Não também. Ao menos, não naquela noite. Porém, quando baixar a adrenalina, e se nada for feito com as crenças, se não aproveitarem a experiência pela qual passaram, para evoluir, aprender o que valorizar, reconhecer que foram tolos..., sim, continuarão a discutir. E seguirão tolos. Perderam a oportunidade para crescer um pouco mais.

Se essa pergunta fosse feita a você, qual seria sua resposta?

- Não quer brigas, não é verdade?

- Por que só pensamos nisso, depois da adrenalina? (Adrenalina por um motivo ruim, existe também o bom motivo e que faz o mesmo movimento).

- Fato: o casal deve ter tido uma grande experiência sexual, aquela noite, em casa, impulsionados pela adrenalina, como há muito não acontecia. A adrenalina, aqui vista como hormônio da tensão e do medo, eleva a dopamina (hormônio do amor), aumenta também a ocitocina (hormônio de ligação). A libido (pulsão sexual) vai parar no céu. Resultado:

- Endorfinas (hormônios do prazer).

- Mas..., espere! Precisamos ser "tomados de assalto" todos os dias para vivermos melhor?

- Não assim.

A ótima notícia é que não precisamos obter tais descargas de adrenalina apenas com experiências negativas como essa. Podemos construir essa adrenalina toda, com opções bem interessantes:

Teatralizar – brincar de fingir coisas boas, bem-intencionadas. Eu já experimentei.

Certa vez, eu e uma namorada, os dois bem jovens, havíamos discutido (por besteira, claro). Naquele momento, portanto, não estávamos muito bem. Gostávamos sim um do outro, aquele "enorme amor adolescente", mas um amor orgulhoso e egoísta, cheio de fragilidades, próprio da imaturidade de uma época. Em outras palavras, infantilidade pura.

Bem. Caminhávamos de volta para a casa dela, cabeças baixas, e me surgiu uma ideia para acabar com aquele clima ruim. Fiz a proposta:

- "Lembra quando caminhamos juntos a primeira vez"?
- "Vamos fingir que estamos agora como naquele dia"?

Hoje eu sei que serviu para resgatar lá atrás na memória uma boa emoção nossa. Na época nem sabia a importância disso. Foi intuitivo.

Ela amorosamente respondeu:

- "Nem a pau Nicolau"!

Na verdade, não lembro o modo com que ela respondeu, mas foi uma negativa.

- "Ah, meu amor, vamos, vamos".

Estiquei minha mão para ela e, oito minutos e meio depois (meia hora, talvez), ela..., enfim, aceitou. Passamos a caminhar de mãos dadas, pedi desculpas, ela também pediu, e seguimos com o agora nosso "teatro" que, aos poucos, transformou-se em realidade. Mudou a emoção.

A vontade de "chutar a canela" de cada um foi diminuindo aos poucos, à medida que seguíamos o caminho (um melhor caminho). Chega de fingir. Mas, a brincadeira inicial valeu, e muito.

Movimentos corporais diferentes – como a dança – ou qualquer coisa que nos faça abrir um sorriso, movimentos lúdicos, desafios físicos, ou movimentos mentais – intelectuais, espirituais. A aproximação com Deus ajuda, e muito, a ligação de amor. Nossa espiritualidade. Haverá um livro do Programa SUPERCONSCIÊNCIA/FAMÍLIA DO FUTURO exclusivo para esse tema.

Até a luz do dia age sobre nossos hormônios, aumentando ainda mais as endorfinas, a vitamina D, que não é vitamina, e sim hormônio fundamental para a vida.

Buscar felicidade em tudo, com bom humor e sempre visando à boa relação com o outro. É objetivo para nossa criatividade.

Não espere a coronha de um resolver em sua janela para "decidir" ser feliz como merece e precisa.

Você precisa, seu par precisa, uma sociedade maior exige.

Capítulo **XXVIII**

Cérebro...
Trabalhe
Mais um Pouco!

No Capítulo XXV, sob o título "Mais Algumas Práticas", abordei como sobreviver a críticas, opiniões diferentes... E deixei dois temas para agora, devido à tremenda importância e potencial destrutivo que carregam.

Vamos a eles, bem devagar.

Com calma e muito amor, porque há muita coisa aqui em jogo, para todos. São eles: violência doméstica física e divórcio. Não estranhe, seguem o mesmo formato de numeração daquele capítulo e apenas atrasei até aqui esses comentários porque eu queria falar muita coisa para você, antes deles:

5. O parceiro parte para a agressão física.

O que fará (agora com alguma velocidade) seu cérebro novo?

- **FUJA!**
- Seu cérebro antigo está muito bem treinado para fugir ou lutar, não é mesmo? Então, fuja. Desista do confronto. Afinal, uma história de vida baseada na agressão não muda. Vou repetir: Uma história de vida baseada na agressão não muda, "enquanto o inconsciente achar que essa é a única saída, única maneira de resolver problemas".

Nessa frase começa a aparecer um modo de tratamento da questão, uma possibilidade de solução. É possível ajudar o agressor e a vítima (toda a família) a encontrarem outras saídas?

- Sim! Mas, para isso, nunca deixe de procurar ajuda verdadeira. Acredito que "Uma história de vida **MUDA** quando o inconsciente conseguir, sempre com ajuda adequada, encontrar outra saída, outra maneira de agir na vida". Para isso precisamos auxiliá-lo a encontrar outras portas de comportamento e segurança.

Certa vez soube de um juiz e uma psicóloga em Londrina, cidade do Estado do Paraná, que desenvolveram um trabalho com excelentes resultados, direcionado ao tratamento do agressor. Buscar ajuda terapêutica profissional e espiritual para aprender e produzir comportamentos amorosos pode chegar a soluções mais adequadas do que simplesmente prender, isolar, separar. Acredite! Muitos desses casais se amam, têm filhos, sonham... Apenas não aprenderam a conversar e resolver as diferenças de modo adequado. Já havia pensado nisso antes?

Uma noite, ao terminar uma palestra, fui procurado por um policial militar. Ele disse que, naquele dia, aquela minha fala havia transformado o seu modo de ver o atendimento que dava, costumeiramente, ao que é comumente chamado de "violência doméstica". Ele nunca mais chegaria ao local do evento criminoso pronto para "dar uma lição" no agressor, essa, uma vingança coletiva do grupo policial e desejo personificado de toda a sociedade. Um ódio primitivo, sensação de super-herói da lei que vingará e salvará a frágil vítima do tal..., marido brutamontes.

Ele passou a entender que esse agressor pode ser apenas uma vítima da própria história (e geralmente é – somos), "apenas um animal cego procurando água", "apenas um animal ferido lutando para se curar".

O "elemento" age agredindo porque não conhece outra linguagem, outra maneira de se relacionar, outro modo de reagir ao medo, porque foi apenas esse o jeito que aprendeu. Que lhe foi ensinado. Conhece apenas essa maneira de amar. Insisto aqui porque é por demais importante.

Não vamos entrar em causas mais profundas e relações doentias entre homens e mulheres. Claro que sempre existem psicopatas – de todos os sexos –, mas, é aqui suficiente saber que na própria lei "Maria da Penha" há previsão de centros de educação e reabilitação de agressores (quer sejam eles homens ou mulheres).

Poucos ouviram ou falam sobre isso, pensam, tão somente, em como proteger a mulher, principal vítima, na frequência de casos registrados. Pouquíssimas vezes são citados os centros de **RECUPERAÇÃO DAS FAMÍLIAS**. Se quisermos um mundo melhor precisamos crer em restauração, transformação, recuperação do homem, da mulher, da família e, por fim, de toda a sociedade.

Outro dia vi uma foto que mostrava um policial militar sentado no chão ao lado de uma criança, uma menina, que, apavorada e de costas para ele, chorava sem parar. O texto da foto contava que os pais da criança estavam brigando muito, dentro de casa, e os vizinhos chamaram a polícia. Enquanto um policial tentava acalmar os ânimos do casal, o sargento resolveu ficar lá fora, ao lado da criança. Uma postura de amparo, disponibilidade e amor. É disso que o mundo precisa "urgentemente". Olhar de amor, apoio com amor. Amor, justiça e compaixão – fundamentos da espiritualidade. A maioria segue com a certeza de que o fundamento de Deus é a Lei e a grande punição. "Prendam o 'desgraçado'". Lembre-se sempre, ele é o pai daquela menina, todos precisam de ajuda.

Faz tempo que o suicídio de crianças e jovens vem aumentando muito e em escala exponencial. Estamos abandonando nossos filhos, deixando-os de lado, em nome de um turbilhão confuso da vida, das ilusões de consumo, estimuladas pelo comércio e prontamente acatadas por todos nós (categoria do "eu vou ser feliz se tiver o..."), muito além das necessidades para a sobrevivência, mas, são necessidades materiais, artificialmente construídas pelo *marketing*.

Não sou contra crescimento, progresso, riqueza, comércio..., mas devo estar atento ao preço emocional que pagarei por isso, se não vigiar e orar. Esse tema dá outro livro. Bem, vamos voltar à questão?

- Importantíssimo aqui é:
- "O sargento resolveu ficar com a criança".

E nós, ficamos do lado de quem?

- Ao que eu respondo: da vida!

Fiquei espantado ao assistir um debate sobre violência doméstica, entre especialistas na área, e perceber que nada foi dito sobre como ajudar os casais, que sofrem esse drama, a se reestruturarem. Não faltaram ideias de como separar a vítima daquele "demônio imprestável".

Era um grupo que se considerava muito religioso. Bem, religioso, sim, espiritualizado, talvez não.

Assisti a uma conferência no Ministério Público do Paraná sobre violência "contra a mulher", com uma respeitada socióloga, muito experiente, disse ter mais de 70 anos de idade. Já apontei para você que a violência é contra toda a família e sociedade, mas, vamos lá. Ela fez questão de se apresentar como "feminista a favor do aborto". Ao comentarem o aumento significativo do suicídio de crianças e jovens, ela apenas falou da prevenção secundária, isto é, como detectar sinais no comportamento dos jovens que pudesse alertar à possível ocorrência de evento fatal, para que então fossem ativados imediatamente, cuidados de proteção. E eu pedi a palavra e perguntei, onde está a prevenção primária?

- Todos olharam para mim, entreolharam-se como se dissessem "como assim?". As tentativas de resposta para o que questionei foram fracas e evasivas. Isto é, não pensaram nisso, ao menos de um modo mais objetivo a fim de "criar saídas", estratégias de proteção.

Prevenção secundária é agir na eminência do evento fatal, é atuar sobre os fatores finais que levam ao episódio. **PREVENÇÃO PRIMÁRIA É VOCÊ SE PREOCUPAR MUITO ANTES COM O TEMA.** É agir no coração da criança e dos pais dela. É atuar pela família, pelos sonhos, crenças e espiritualidade. É ensiná-los a praticar um Deus que valha a pena, desde muito cedo – valores. Não um deus violento, vingativo que lhe manda para o inferno se você "não se comportar".

É também sabido que, quando ocorre um suicídio, algumas crianças tendem a "imitar" tentando produzir a própria morte. Ficaram aliviados, todos que lá estavam, ao saberem que muitas crianças não "conseguem sequer morrer", simplesmente porque são imaturas, inexperientes e, geralmente, nem sabem se matar. Ufa! E esqueceram as saídas que eu levantei para um real combate a todo tipo de violência.

Lutamos por prevenção primária, o **PROGRAMA SUPERCONSCIÊNCIA/FAMÍLIA DO FUTURO** quer alcançar você em todas as áreas da vida, importantes para o amor, a justiça e a fraternidade. Quero convencer você.

Dando sequência aos itens que ficaram postergados, segue.

6. O parceiro não dá sinais de querer investir no crescimento.

Seu cérebro novo, em conversa calma e demorada com o antigo, resolve que, se o outro não quer, o melhor é deixar partir.

O primitivo ficará muito triste por um tempo, mas, aos poucos, se sentirá liberado para iniciar uma nova jornada. Conte logo isso para ele, afinal, está sempre pronto, uma nova busca de outro companheiro(a), ajudante para o crescimento e a para vida (de ambos).

O que fará então (com muita coragem) seu cérebro novo?

DESISTA DE FATO, sem medo.

Compreensão não significa passividade, dor.

Todos têm liberdade para viver preconceito, envenenar-se com ressentimento, ou até se autodestruir. Você não é responsável pelos outros. Além de pessoas que não querem mudar crenças, pensamentos e comportamentos, ainda existem os sociopatas de difícil (impossível) recuperação – você não precisa ser vítima deles.

A permanência em uma relação destrutiva onde um não quer mudar a convicção, não quer crescer – por ele(a) mesmo(a) –, chama-se "Co dependência". Uma dependência do outro, quando muitas vezes o personagem aparentemente normal na relação, nesse teatro, está mais doente que o próprio "doente". É relação patológica que ninguém merece ou precisa manter. Fique tranquilo(a), tem cura. Peça ajuda, sempre para você se afastar desse "problema", quando se torna insolúvel.

Você pode apenas estar preso(a) a uma crença de que o outro não sobreviverá aos problemas dele(a), sem você. Mentira. Sobrevive sim. Infelizmente eles vão procurar outra vítima. E você merece viver melhor.

Agradeça a Deus as experiências que essa vivência proporcionou, creia, por pior que tenha sido, serviu para seu crescimento – sempre. Se você estava ali é porque havia coisas importantes para aprender, antes de seguir. Deixe o outro ir embora.

Entretanto, sempre deseje o bem para quem parte.

Lembra-se do perdão – que agora você já possui no automático?

Então vá:

- Liberte-se dessa dor. Tire umas férias.

E, assim que sentir vontade, solte novamente seu cérebro primitivo por aí..., agora, muito mais maduro, portanto, não "cheire" mais encrenca!

Ui..., essa doeu!

E o outro?

- Esqueça de verdade!
- Deus cuida dele para você.

Capítulo XXIX

Um Caminho a Seguir

Queremos, no fundo, levar a vida como se fôssemos crianças. Defendendo-nos de nossos medos construídos. Não queremos assumir a responsabilidade pela felicidade. Preferimos nos apaixonar por um ser sobre-humano que cuide de nossas necessidades e nos faça feliz. Queremos alguém **PERFEITO**. E então, muitas vezes colocamos o motivo de nossas frustrações "no outro". Essa é a causa de boa parte da infelicidade no mundo – colocamos a responsabilidade e a culpa no **OUTRO**!

Casamento e vida exigem compromisso, disciplina, coragem para aprender, crescer e **MUDAR**, portanto, posso reescrever minha própria história, afinal, "**Eu é que tenho que ser o parceiro certo**".

- "Ainda não achei a pessoa certa para mim!"
- Já ouviu esta frase de alguém?

> **EU É QUE TENHO QUE SER O PARCEIRO CERTO e...**

1. ...trabalhar na demolição de minhas barreiras emocionais;
2. ...aprender muito sobre mim, principalmente ouvindo os outros;
3. ...agir com atitude ativa e positiva diante do outro, diante da vida.

Há apenas uma maneira de mudar a história, e será mudando a nós mesmos. Amadurecendo as crenças e pensamentos e modificando assim as formas sentir, viver e se relacionar.

Será que somos capazes de tentar essas mudanças?
Então vai lá!
Será que **VOCÊ** é capaz de realizar essas mudanças?
Restauração é uma realização para uma vida inteira.

Contudo, não se pode trabalhar nisso sozinho. Cabe ao casal permitir a ajuda e manter o movimento de um e do outro, para que o processo alcance plena velocidade e vitalidade. Seu par é o auxiliar que Deus colocou para você em sua vida. É um presente de Deus. Uma das mais lindas propostas do casamento: marido e esposa como instrumentos autorizados por Deus para o pleno crescimento de **AMBOS**.

A infância é a nossa primeira chance de desenvolvimento, ali se forjam nossos pilares de sustentação, base do caráter e personalidade, nosso modo de ser, de reconhecer o mundo, atuar e reagir a ele.

O casamento é a segunda grande chance para a correção desses pilares. O(a) companheiro(a) é a oportunidade para você desvelar, reconhecer e assim reestruturar o que foi e ainda está machucado. Confronto positivo do amor maior.

Nesse momento, de toda história que contei até aqui, neste livro, eu e você precisamos decidir:

- Nosso amor é altruísta ou egoísta?

- Deve ser um amor de doação, sempre quer bem ao outro e ao mundo. Um amor egoísta existe somente para pedir, exigir, afirmar e reafirmar onde está certo. Não permite ao outro falar, respirar, "viver".

O egoísta precisa aprender que a única maneira de satisfazer as próprias necessidades, as que traz desde a infância, é...

DEDICAR-SE DE CORPO E ALMA ÀS NECESSIDADES DO OUTRO

Eu me casei para ser feliz!
Então descobri que o único modo de agir para ser feliz será...

FAZER QUEM EU AMO FELIZ

Depois de um tempo que um casal se une, percebe que:

- O homem muda, a mulher muda, até o amor muda. Porém, Deus não muda, a promessa que Ele fez a você também não muda, a aliança não muda. A mudança do casal apenas precisa de controle e direção – intencionalidade para possibilitar o crescimento.

Olhe bem para a aliança que está em sua mão. Precisará apenas de polimento a cada ano – para comemorar o aniversário de casamento, mas "o coração precisa de polimento diário" – para comemorar a vida a dois. Aquele combinado inicial foi cobrir todas as necessidades do outro. E se não "polir" os pensamentos pode estar machucando o outro, todos os dias, por diversos motivos desnecessários.

Um anel é qualquer coisa que você coloque em seu dedo até em um momento de paixão. Já, uma aliança é um compromisso de amor entre almas, que você vestirá para sempre – e está literalmente – "em suas mãos". Afinal, você fez um acordo baseado no amor, ou na carência?

Um desafio:

- Poucos serão capazes de transcender a luta pelo poder. Devido ao **EGOÍSMO**, que é pensar apenas em si mesmo esquecendo-se de qualquer um que esteja ao lado. Ninguém merece conviver com um egocêntrico. O desafio é pensar e reconhecer o quão egoísta você é. Todos somos, um pouco. Quanto disso é verdade em você?

Lembre-se: - Provocamos muita dor em todos os envolvidos em nossa vida. Os outros merecem o nosso respeito. Você também merece respeito e amor dos outros.

Depoimento de uma linda mulher, hoje madura, mas que um dia fora uma doce criança, sofrendo as consequências do crônico "esquecimento" e falta de conhecimento dos próprios pais.

A declaração, dada por ela:

- *"Me colocaram sentada com meus irmãos, no sofá. Foi quando meu pai disse que estava tudo acabado. Ele estava indo embora.*

Eu não entendi muito bem, eu era muito pequena. Só percebi que algo estava muito errado quando meu irmão começou a chorar.

De repente eu não tinha mais família. De repente eu não tinha mais chão. Eles nem me pediram ajuda.

Meus pais sempre diziam que me amavam, mas, só pensavam neles mesmos. Eu era criança, meus pais, imaturos.

Não eram maus, mas 'o sim não era sim e o não, não era não'.

E não queriam mudar, ou melhor, são sabiam como.

Só tinham medo.

Só reagiam, não agiam.

Eram infelizes, e eu, infeliz.

Não sabiam amar."

Poucos são os que querem assumir a responsabilidade no amor.

Erich Fromm[6], um psicanalista envolvido no tema, sugere que apenas 5% das pessoas estudam sobre o amor, para conseguirem dar conta das próprias vidas. Este livro está aqui para aumentar esse índice.

Vamos voltar ao desafio já sugerido?

Quanto o egoísmo vive ainda em você?

Precisa saber, não é culpa sua (nem do outro), mas "algo" fez parte da formação do seu caráter, que hoje traduz sua personalidade. É possível mudar essa história. Contudo, a sua culpa será, conhecendo todo isso, a partir de agora, não fazer nada.

- Um não ao divórcio!

Poucos são capazes de transcender a luta pelo poder.

Seu casamento é sua zona de segurança, sua escola, seu aprendizado, é sua possibilidade de crescimento. "SUA"! Então, que seja..., **ATÉ QUE A MORTE OS SEPARE**.

Uma noite, minha mãe assistiu à palestra sobre esse tema. Ao final, aproximou-se com o usual carinho e cuidado, já com mais de 70 anos de experiência, e disse:

- "Filho mude isso"!

- "Mudar o quê, minha mãe"?

- "Essa história..., até que a morte os separe".

- "Mas trocar, pelo que mãe?"

- "Diga assim..., até que a morte os una para sempre!"

> **"ATÉ QUE A MORTE OS UNA PARA SEMPRE"**

- Genial. Coisas de minha mãe. Entre tantas outras maravilhosas.

Afinal, a morte pode separar os corpos, mas nunca separará as histórias. As histórias de vidas que um dia Deus uniu, nunca, coisa alguma irá separar. A morte une para sempre uma linda história que foi vivida com muita luta, dor, alegria e que merece ser contada para sempre. A sua história. Você!

---

[6] Erich Fromm estudou direito e, depois, sociologia, em Heidelberg, doutorando-se lá em 1922. Fez formação psicanalítica no Instituto de Psicanálise de Berlim. Atuou como analista leigo por não possuir formação médica. Pertenceu ao grupo de psicanalistas de Wilhelm Reich e Otto Fenichel.

Meus pais se conheceram em uma festa pré-carnaval, mês de alegria. Diz meu pai que minha mãe estava muito feliz, dançava e pulava sem parar. Seria interessante olhar isso. Ao final da festa combinaram se encontrar no baile seguinte.

Sinal que deu liga. Olha o primitivo rastreador em pleno funcionamento. A partir de então, nunca mais pararam de dançar. Muitas festas, muitos anos, muitas histórias para contar.

E eu, com minhas três irmãs, testemunhamos boa parte disso.

Saudades do amor possível de meus pais.

O nosso alcance enquanto casal é muito maior do que quando estamos sozinhos. Entendeu ou quer que desenhe? (Essa é para o egoísta).

Epílogo

Autoestima e Maturidade

Nossa vida é uma viagem! Embarcamos nela com outras pessoas. Escolhemos com quem nos relacionar e com quem não nos relacionar. Podemos ir muito longe nesta vida. Que caminho mostraremos a nossos filhos?

- Então, agora retomo a pergunta que apresentei para você lá no começo do livro:
- O que você faria por um mundo melhor?
- Pois, seja você a mudança que o mundo e, como consequência, a sua felicidade precisam para brilhar.

Que Deus lhe acompanhe, inspire e ilumine por todo o processo.

O texto a seguir foi transcrito e resumido por mim do que mais me chamou a atenção no sermão oferecido por um padre, em uma Igreja Católica. Só eu mesmo para escrever o que um padre fala durante uma missa, um pastor em um culto, ou o porteiro do meu prédio, numa parada rápida para um bate-papo. Sempre levo comigo caneta e papel no bolso (levava). Ok! Hoje anoto meus pensamentos no bloco de texto do celular ou posto em alguma mídia social e salvo só para mim, para rever depois.

Aí está o que absorvi, boa parte do que aquele padre disse:

"Reconhecer nossas misérias, nossas faltas, incapacidades e nossa pequenez, é absoluta necessidade. Porque enquanto nos mantivermos em nossa inteireza, em nossas certezas, e não abrirmos espaço para um caminho de cura, de transformação, enquanto não escutarmos, obedecermos a Deus com fé e chegarmos, por fim, à gratidão e à graça, nunca nos livraremos de nossos sofrimentos, nunca alcançaremos uma vida madura e esclarecida. A única que salva e nos enche de paz. Uma vida nova, uma vida maior, digna de cada um de nós, para ser feliz."

Todos nós temos uma história para cumprir nesta vida. Todos nós podemos escolher, em grande parte, como terminará a nossa. Porque temos a riqueza infinita do universo em nossas mãos. Somos essa riqueza.

Somos matéria e energia do universo.

Somos filhos do Dono, criaturas de Deus.

Fomos feitos para dar certo!

Príncipe ou plebeu?

- Quer saber?

- Tanto faz..., desde que..., seja feliz!

- Contente, feliz, e sempre com enorme gratidão!

A vida é uma comemoração entre emoção e razão.

Somos a plenitude dela.

Obrigado!

Felicidades!

Bom trabalho, agora! Já! Mãos à obra!

Ah! Antes que eu esqueça:

- Se eu precisasse entregar todo o conteúdo deste livro em apenas uma frase, e olhando em seus olhos, seria esta:

- **"EU QUERO COMPREENDER VOCÊ"**.

E se você me permitir pedir algo, em apenas uma frase:

- **"FAÇA TUDO PARA ME COMPREENDER, COM AMOR, POR MIM E POR VOCÊ"**.

- Que **DEUS** abençoe **VOCÊ** e a pessoa que escolheu amar.

Posfácio

Meu objetivo é ver você feliz.
Sua companhia de amor feliz,
Seus filhos e toda família feliz,
A família do vizinho...,
E todos no seu bairro,
Em sua comunidade,
Em sua cidade, outras cidades,
Em seu estado, seu país.

As famílias do país vizinho também,
Todo o continente, outros continentes,
O mundo, o universo.

Por que não?
- E Deus..., feliz!

Muito tolo e infantil pensar assim, eu sei.
Ok. Foi proposital.
Sentir-se bobo também é uma crença, uma maneira escolhida para pensar. Decidi ser tolo, simples, sonhador, criança e adulto ao mesmo tempo, mas também realizar meu sonho tolo, infantil..., inatingível(?).
Decidi simplificar o que muitos livros complicam. Infinitas folhas, duras e difíceis teorias, porém, gigantes ideias.
Muitas terapias tornam conceitos e práticas <u>inacessíveis para a maioria</u>. Muito ego também mantém restritas as nomenclaturas, conceitos e práticas.

Eu escolhi amar!
A Deus..., ao próximo..., e a mim mesmo,
E ser simples, para alguém,
Para quem mais precisa entender,
E, "entendendo", tornar-se capaz de agir.

Esse é um conceito acessível,
Franqueado a todos, em qualquer lugar.

POSFÁCIO

O Programa SUPERCONSCIÊNCIA/FAMÍLIA DO FUTURO sonha alcançar o universo, porém, sempre mirando você, com temas fortes, estimulantes e provocantes. Um programa envolvente para todos.

Livros pequenos, simples, baratos, de propósito, acessíveis a qualquer um.

De gigantes psicoterapeutas a singelos seres humanos, indefesos, todos sofrem por carências de amor. Os grandes também sofrem.

Este livro, em suas mãos, é para você,
Tudo começa em você,
Tudo termina em você.

Meu sonho carrega uma forte convicção,
Provocar novamente em seu coração,
A capacidade de sonhar,
Uma capacidade muitas vezes,
Esquecida, largada, abandonada,
Deixada sob uma cama,
Dentro de um armário da infância,
Ou no fundo de alguma gaveta da juventude,
Naqueles baús onde, durante toda a vida,
Acumulamos muito do que adquirimos,
E não precisamos,
Muita tranqueira por cima de tudo,
Daquilo que mais amamos.

Insisto,
Este livro é para você.

Simples,
Para permanecer em sua cabeceira,
Ao seu alcance,
Aos seus olhos,
A fim de ser lido, relido, experimentado,
E praticado sempre.
Por você,

Por quem você ama,
Por todos nós,
Felizes..., para sempre.

José Jacyr Leal Jr.
"A lição sabemos de cor, Só nos resta aprender"
Música Sol de Primavera
Ronaldo Bastos e Beto Guedes

Bibliografia

Todo Amor do Mundo – Dr. Harville Hendrix
Por que Amamos A Natureza e A Química do Amor Romântico – Helen Fisher
Super Controladores – Gerald W. Piaget
A Arte da Conversa e do Convívio – Maria Tereza Maldonado e Alan Garner
Pai Ausente Filho Carente – Guy Corneau
Pais + Filhos Companheiros de Viagem – Roberto Shinyashiki
Amar Pode dar Certo – Roberto Shinyashiki
Quem me Roubou de Mim? - Fábio de Melo
Um e Um São Três O Casal se Auto Revela – Philippe caillé
Terapia Familiar de Casal – Vera L. Lamanno Calil
A Família de que se Fala e A Família de que se Sofre – J. A. Gaiarça
Uma História de Amor com Final Feliz – Flávio Gikovate
Saber Amar – Luiz Alberto Py
Casamento Inteligente – Joel Kotin M.D.
O Casal Nosso de Cada Dia – Solange Maria Rosset
Os Segredos dos Casais Inteligentes – Gustavo Cerbasi
As Cinco Linguagens do Amor – Gary Chapman
Linguagem do Amor Leituras Diárias – Gary Chapman
Agora Você está Falando a Minha Linguagem – Gary Chapman
Escolhas – Roberto Aylmer
A Arte do Possível – Rosamund Stone Zander e Benjamin Zander
Comunicação Não Violenta – Marshall B. Rosenberg
Homem e Mulher – Seus Vínculos Secretos – Iara Camaratta Anton
O Ciclo da Autossabotagem – Stanley Rosner e Patrícia Hermes
A Magia da Mudança – Dalmo Silveira de Souza e Solange Maria Rosset
Por que Tenho Medo de Lhe Dizer Quem Sou? - John Powell, S. J.
Felicidade é um Trabalho Interior Souza e Solange Maria Rosset
Porque Tenho Medo de Lhe Dizer Quem Sou? - John Powell, S. J.
O Laço e o Nó – Alfredo Simonetti
Síndrome de Peter Pan – Dan Kiley
Metaconceitos – Transcendendo os Modelos de Terapia Familiar – Douglas C. Brulin, Richard C. Schwarts e Betty Mac Kune-Karrer
Inletigência Emocional na Arte de educar Nossos Filhos – Jhon Gottman, Ph.D.

Treinando a Emoção para Ser Feliz – Augusto Curi
O Gambá Que Não Sabia Sorrir – Rubem Alves
Super Dicas de Viver Bem – Flávio Gikovate
Você é Feliz? - Flávio Gikovate
Violência Intrafamiliar – Prática em Serviço e Saúde da Família – M2
Amor e Respeito – Emerson Eggerich
Terapia Hoffman da Quadrinidade – Bob Hoffman
O Processo Grupal – Enrique Pichon Rivière
Tornar-se Pessoa – Carl R. Rogers
Perdas Necessárias – Judith Viorst
Dormindo com o Inimigo – Roberto Bo Goldkorn
Lições Sobre Amar e Viver – Morrie Schwartz
Diante da Dor dos Outros – Susan Sontag
Homens São de Marte Mulheres São de Vênus – John Gray
Terapia Familiar Breve – Steve de Shazer
Porque que as Pessoas que Amamos nos Levam a Loucura – Daphne Rose Kingma
Duas Vidas Uma escolha – Sumaia Cabrera
A Família como Tradição – Olinto A. Simões
O Ser como Contradição – Olinto A. Simões
A União como Complementação – Olinto A. Simões
A Minha Inteireza Só Depende de Mim – Suelí Rocha
Quem Ama Educa – Içami Tiba
Encontre as Forças do Amor Familiar e Viva-as – Gloria Luz Cano Martinez
O Amor A Segunda Vista – Bert Hellinger
As Mudanças no Ciclo de Vida Familiar – Betty Carter e Monica McGoldrick
Terapia Familiar – Michael P. Nichols e Richard C. Schwartz
O Poder Dentro de Você – Louise L. Hay

Breve Currículo

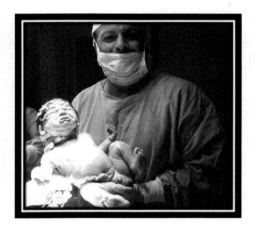

Todos os dias vejo nascer um "Ser Humano". Com o nosso apoio, será um cidadão Extraordinário!

ATIVIDADES SOCIOPARTICIPATIVAS:
Associação Médica do Paraná – AMP.
Delegado da Associação Médica Brasileira.
Federação Brasileira de Ginecologia e Obstetrícia – FEBRASGO.
Sociedade Paranaense de Ginecologia e Obstetrícia do Paraná – SOGIPA.
Médico do Corpo Clínico Hospital Santa Cruz e Hospital Santa Brígida.

PÓS-GRADUAÇÃO (além das especialidades médicas).
- Psicomotricidade Relacional – CIAR.
- Nutrologia – ABRAN.

CURSOS:
- Obstetrícia em Gestação de Alto Risco Hospital La Fé – Valência Espanha.

- Terapia Familiar Sistêmica – CTI.
- Neurolinguística – OTP.
- Emotologia – CC.
- Qualidade de Vida – PUC-PR.
- Medicina da Longevidade – GLS.

José Jacyr Leal Junior
Av. Silva Jardim, Nº 2042, Conj. 505 – Água Verde – Curitiba/PR – Brasil
Tel. (41) 3342-7632 / 99972-1508
caf@jacyrleal.com.br – www.jacyrleal.com.br

SUPERCONSCIÊNCIA/FAMÍLIA DO FUTURO